_____ 님께

책이
꽃보다 아름답습니다.
책갈피에서 꿈이 피어나길
빕니다.

_____ 드림

대한민국 최초 독서 디자이너 다이애나 홍의 열정 랩소디

책 속의 향기가 운명을 바꾼다

책 속의 향기가 운명을 바꾼다

다이애나 홍 지음

모아북스
MOABOOKS

책갈피에서 피어난 꿈

그랬습니다.

책이 저를 살렸습니다. 아마도 책이 아니었으면 어떤 분들처럼 "자살"이라는 끔찍한 선택을 했을지도 모릅니다. 왜일까요? 자존심이었습니다. 사람에게 마지막 버팀목이 되는 것은 아직 무너지지 않은 자존심인 것입니다. 이 마지막 자존심을 지켜주었던 고마운 존재가 있었습니다. 견딜 수 없는 스트레스와 가혹한 현실이 영혼의 목을 조여올 때 귀하는 어떻게 하시겠습니까? 숨을 쉴 수 없을 만큼, 더 이상 지탱할 수 없을 만큼 커다란 돌덩어리가 어깨를 눌러올 때 귀하는 어떻게 하시겠습니까? 어떤 이는 술잔을 잡고 넘어지고 어떤 이는 책을 잡고 넘어집니다.

그랬습니다.

견딜 수 없었습니다. 남편의 사업 부도로 몰려드는 빚쟁이들에게

시달리면서 그간 잘 다듬어온 인격과 교양도 휴지 조각처럼 구겨져 버렸습니다. 못 견디게 괴로웠던 것은 직원들의 존경심마저 처절하게 바닥으로 추락했을 때였습니다. 부끄럽고 창피하고 숨어버리고 싶은 심정에 가슴이 까맣게 타들어갔습니다.

그랬습니다.

미칠 것만 같은 스트레스가 태풍처럼 몰려왔을 때 술잔 대신 책을 잡고 넘어졌습니다. 책 속의 주인공들은 저보다 훨씬 거친 쓰나미에 휩쓸려 떠내려가고 있었습니다. 그럼에도 한결같이 마지막 희망의 끈을 놓지 않았습니다. 세상을 다 삼킬 것 같은 쓰나미도 시간이 지나면 세월의 바닷물에 다다르게 되고 큰 바다를 만나면 소리 없이 사라집니다. 그렇습니다. 책은 제가 혼자 외로이 흘리고 있는 눈물을 닦아준 손수건이었습니다. 고맙기 그지없습니다.

그랬습니다.

17년간 경영하던 학원 사업을 그만 두고 실업자가 되었습니다. 이제 무엇을 하며 살까?

방황하고 고민하던 제게 따뜻한 손 내밀어 준 것은 역시 독서 인생 20년의 힌트였습니다.

성공하려면 세 가지를 해라.

하나, 내가 가장 잘 하는 것을 해라.
둘, 내가 가장 좋아하는 것을 해라.
셋, 다른 사람을 돕는 일을 해라.

내가 가장 잘하는 것은 책 읽는 것이었고, 가장 좋아하는 것도 책 읽고 정리하는 것이었으며, 책을 정리한 것을 다른 사람에게 전달하는 것은 그를 돕는 결과가 됩니다. 그렇다면 내가 잘하고 좋아하면서도 다른 사람들을 돕는 책 읽기는 무엇일까 고민했습니다. 그때 휙하고 스친 단어가 바로 '독서경영' 이었습니다.

정말 신기했습니다.
숨이 막힐 때마다 살기 위해 책을 손에 들었습니다. 숨 막히는 가슴을 뻥 뚫어주는 마법의 힘이 책갈피에서 나왔습니다. 마냥 신기했습니다. 좋은 책은 좋은 세포를 만듭니다. 세포가 건강해집니다. 힘들 때마다 읽었고, 외로울 때마다 읽었고, 고독할 때마다 읽었습니다. 읽고 나면 세포가 웃고 행복해졌습니다. 마치 행복 주사를 맞은 것처럼요.

제게 독서는 행복입니다. 책으로 행복해진 저는 이제 대한민국 국민들의 빈 손에 책을 들게 하고, 독서 강국 코리아를 꿈꿉니다.

귀하는 스트레스가 몰려오면 어디에 취하시나요? 술잔에 취하시렵니까? 독서향기에 취하시렵니까?

책 속의 향기가 운명을 바꿉니다. 아침에 집을 나서면 아카시아 꽃향기가 코끝을 스치며 하루의 시작을 기분 좋게 해줍니다. 하지만 그 향기는 6월이면 사라집니다. 그러나 독서 향기는 여러분이 살아있는 동안 계속 살아남아 여러분의 세포를 웃게 합니다.

책이 꽃보다 아름답습니다.

한국독서경영연구소에서 다이애나 홍

눈물을 닦아준 손수건, 책

01

책이 사람을 살린다

책이 아니면 저는 벌써 죽었을 것입니다. 남편의 갑작스러운 부도로 17년간 신나게 했던 학원 경영을 접어야만 했을 때, 저는 말 그대로 벼랑 끝 낭떠러지에 아슬아슬하게 매달려 있었습니다.

손을 잡아 주는 사람도 없었습니다. 조금이라도 바람이 세차게 불면 금방 수심 깊은 계곡으로 떨어져 버릴 것처럼 숨쉬기도 어려운 상황이었습니다.

참으로 신기한 일이었습니다. 비록 남편의 사업은 부도가 났지만 그때까지만 해도 제가 운영하고 있던 학원은 승승장구 꽃을 피웠습니다. 그런데 차가운 공포의 기운이 따뜻한 열정의 기운을 갉아먹기 시작하자 놀라운 일이 일어났습니다. 그렇게 승승장구하던 학원 경

영마저도 도미노처럼 기울기 시작한 것입니다. 결국 17년간 대한민국 최고의 학원을 만들겠다는 제 꿈도 한 순간에 접어야만 했습니다.

빚쟁이들의 거친 언행 때문에 제 심장은 나날이 차가운 얼음 덩어리가 되어갔습니다. 학원 문을 열면 오전부터 찾아와 학생들이 돌아가는 시간까지 복도를 어슬렁댔습니다. 틈이 나면 다가와서 "당신, 우리 돈 어떻게 할 건데?" 하고 큰 목소리로 말했습니다. 학원 선생님들도 학생들도 모두 하얗게 질린 얼굴로 저와 그들을 바라보곤 했습니다. 제 모든 권위는 땅으로 떨어져 짓밟혔습니다. 아무 말도 할 수가 없었습니다. 말 그대로 소름 끼치는 순간이었습니다.

어느 날은 너무 무서워서 출근하기가 두려울 정도였습니다. 오늘은 또 어떤 사람들이 찾아올까 싶었습니다. 학원을 나와 보면 머리를 빡빡 민 건장한 남자들이 학원 복도를 왔다 갔다 하고 있었습니다. 그런 혐오스럽고 수치스러운 일들을 매일 당하다 보니 살고 싶은 생각마저 없어졌습니다. 아침에 눈을 뜨면 '오늘은 또 어떤 사람들이 몰려와서 난리를 칠까?' 하는 두려움이 밀려 들었습니다.

도망치고 싶은 생각만 들었습니다. 손가락 까딱할 기운조차 없었습니다. 세상이 너무 싫었습니다. 사람이 무섭고 세상이 두려웠습니다. 정말 바르게 열심히 살았는데 내 의지와는 관계없이 인격이 바닥으로 추락하는 가혹한 현실이 너무 싫었습니다. 제 가슴은 갈갈이

찢겨 나갔고 더는 상처 입을 구석도 없을 만큼 너덜너덜해졌습니다. 그래서 정말 약국에서 수면제를 사서 평소 즐겨 찾던 금정 체육공원으로 향했습니다.

어둠이 내리고 밤이 깊어지자 공원 가로등 불빛이 하나 둘 켜지기 시작했습니다. 평소 그렇게 예쁘고 환하던 주황색 가로등 불빛도 더는 아무 의미가 없었습니다. 사람들이 많이 오가지 않는 구석진 곳의 벤치에 앉아 하염없이 약봉지를 바라보았습니다. 갑자기 눈물이 났습니다. 사랑스런 우리 아이들 눈빛이 스쳐지나갔고 시골에 계시는 친정 부모님의 주름진 얼굴도 떠올랐습니다. 저는 흐르는 눈물을 훔치며 하늘을 올려다보았습니다.

아, 그런데 웬일일까요? 밤하늘의 별이, 정말로 그 별들이 그렇게 아름답게 빛날 수가 없었어요. 부산에서는 밤하늘의 별을 보기 쉽지 않은데 그날따라 총총하게 뜬 별들이 세상의 모든 인연의 끈을 놓으려는 제게 기운 내라고 속삭이는 것만 같았습니다. 그때 문득 생각 하나가 떠올랐습니다.

'여기서 죽어서 별이 될 것인가? 아니면 살아서 저 별처럼 빛나는 삶을 살 것인가?'

언젠가 즐겨 외우고 있었던 한 편의 시가 머리를 스쳐 지나갔습니다. 홍광일의 『가슴에 핀 꽃』 중에 나오는 「그대 가슴에서 빛나는

별」이라는 시였습니다.

별을 보았다
그대 가슴에서 빛나는 것은
별이었다.

세상에는 없는 것이라고 떠나지 마라.
더 이상 길은 없는 것이라고 돌아서지 마라.

그대 가슴 무너질 때에도
저 별은 저 하늘에서 빛나고 있었고

그대 마음 헤매 일 때에도
저 별은 그대 가슴에서 빛나고 있었으니

그대가 보지 못했다
그대가 보려고 하지 않았을 뿐

별이 빛을 발하는 것은
저 하늘 그대에게 보여주는 아름다운 진실이니

그대 품으라.
그대 가슴으로 저 별빛을 안으라.
그대 그렇게 빛나게 될 것이니

그야말로 생사가 오가던 찰나의 순간이었습니다. 한참이나 그 별을 보며 눈물을 흘리다가 혼자 중얼거렸습니다. 출장 갔던 혼이 다시 돌아오는 찰라였습니다.

"그래, 이대로 죽는 건 자존심 문제 아닌가? 죽더라도 나의 진정한 모습을 보이고 죽자."

앞으로 펼쳐질 날들이 죽음보다 나으리라는 보장은 없었습니다. 하지만 어차피 한번 죽는 일, 무너진 자존심을 다시 회복한 뒤에 생각해도 늦지 않을 것 같았습니다. 그래서 그 자리에서 약봉지를 벤치 옆 쓰레기통에 미련 없이 던져버렸습니다. 그리고 제가 집에 돌아와서 미친듯이 책을 읽었습니다. 자꾸 뒤따라오는 두려움과 죽음의 공포에서 벗어나려고 닥치는 대로 책들을 읽었습니다. 물론 글자들은 제 머릿속을 둥둥 떠다닐 뿐 이미 싸늘하게 식어버린 가슴 속으로 잘 스며들지 않았습니다. 그래도 책장을 넘기는 촉감, 책의 냄새가 저를 안정시켜 주었습니다.

그 이후로도 한동안 저는 산소 호흡기에 의존하는 식물인간처럼

살았습니다. 가야 할 길을 잃고 하늘을 봐도, 길을 걸을 때도 눈물만 났습니다. 사람 만나는 것이 두려워졌고, 얼굴에는 웃음이 사라지고, 말도 없어졌습니다. 철저히 혼자서 어둠 속에 갇혀 지내던 고독한 시간이었습니다. 결국 저는 믿을 만한 선배를 찾아갔습니다.

"선배, 더 이상 학원 경영을 할 수 없을 것 같아요."

놀란 선배가 달려와서 전반적인 진단을 시작했습니다. 그리고 우리는 결론을 내렸습니다.

"홍 원장, 당신 이대로 가다가는 죽어. 일단 내가 맡아볼게. 좀 쉬면서 식구들을 돌보는 게 낫지 않겠어."

그렇게 모든 경영권을 선배한테 인수해 주고 저는 완전한 실업자가 되었지요. 앞으로 무엇을 해서 먹고 살아야 할지에 대한 생각조차 없었습니다. 그저 빚쟁이들이 항상 진을 치고 있는 학원에 가지 않아도 된다는 사실만으로도 살 것 같은 기분이었습니다.

하지만 며칠이 지나자 불안감이 엄습해 왔습니다. 이대로 가다가는 아이들 교복도 못 사주겠다는 생각이 들었습니다. 통장 잔고는 텅 비어 있었고, 매달 들어오던 수입도 사라졌습니다. 남편은 여전히 빚쟁이들의 눈을 피해 숨어 있어야 했고 저도 불안에 떨어야 하는 건 마찬가지였습니다. 어떻게 알았는지 이번에는 빚쟁이들이 집으로 찾아오기 시작했기 때문입니다.

결국 우리 가족은 아무도 몰래 작고 초라한 집으로 이사를 하고 숨어서 생활하는 신세가 되었습니다. 시댁을 포함해 모든 이들과 연락을 끊고 지내다 보니 모두들 우리가 가족 동반자살이라도 했을까봐 크게 걱정을 하셨나 봅니다. 그러던 어느 날 시댁 어른들이 서울에서 부산으로 저희를 찾아왔습니다. 그리고 너무 초라해진 자식들의 모습을 보고는 가슴 아파하시며 얼마간의 돈을 쥐어 주시고 갔습니다.

그런데 이상한 일이었습니다. 시댁 어른들께서 건네주신 그 돈을 쥐자마자 제가 한 일은 서점에 달려간 것이었습니다. 그간 어렵고 힘든 사정 때문에 아이들에게 책 한 권 사주지 못한 것이 가슴에 맺혀 있었습니다. 그리고 지금 당장 아이들에게 책을 사주고 싶다는 간절함이 저를 서점으로 달려가게 했습니다.

지금 생각해보면 저도 이해할 수 없을 정도로 그때 무슨 정신이었는지 저는 서점에 들어서자마자 아이들이 읽어야 할 책을 닥치는 대로 샀습니다. 곧바로 책장도 구입했습니다. 그렇게 사들인 책과 책장이 집으로 배달되자 남편은 깜짝 놀랐습니다. 먹고 사는 것도 힘든데 무슨 짓을 한 거냐, 돈을 그렇게 써버리면 어떻게 하느냐고 화를 냈습니다.

그런데 웬일일까요? 저는 하나도 겁나지 않았습니다. 오히려 마치

쌀독에 쌀이 가득 채워진 것처럼 마음이 풍요로웠습니다. 정말 신기한 일이었습니다. 돈도 없고 직업도 없고 모아둔 재산도 없는데 마음만은 너무 편안했습니다. 방 안을 가득 둘러싼 책들을 보니 밥을 안 먹어도 배가 고프지 않았습니다. 그 책들은 영혼이 타들어가는 황량한 벌판이었던 제 가슴에 형형색색 환한 웃음을 주는 꽃이 되었습니다. 그래서 책이 꽃보다 아름답습니다.

그날부터 저는 서점으로 출근했습니다. 아이들 책 사줄 돈도 많지 않으니 저는 서점에 가서 6시간씩 책을 읽었습니다. 경영, 경제, 자기계발, 리더십, 마케팅, 트렌드, 고전, 문학, 실용서 등을 그야말로 닥치는 대로 읽었습니다.

그때 제 소원은 하나였습니다. 책값 생각하지 않고 무슨 책이든 사서 읽을 수 있을 만큼 돈을 벌고 싶다는 것이었습니다. 그리고 사람들에게도 이 좋은 책을 마음껏 선물할 수 있을 정도만 되면 좋겠다고 생각했습니다.

그 간절함이 통했을까요. 그 후 4년이 지난 지금 저는 책값에서 해방이 되었습니다. 부자는 아니지만 마음껏 책을 사보고 선물할 수 있는 여유가 생겼습니다. 신이 준 축복입니다. 늘 그 감사함으로 더 낮은 자세로 겸손함을 배웁니다.

꿈을 키워주는 자양분, 독서

학원을 경영하던 시절 저는 학원에서 매주 월요일마다 직원 회의를 열었습니다. 회의 때마다 업무 이야기만 할 수 없지 않습니까? 안건을 이야기하기 전에 습관처럼 책 이야기를 했습니다. 주말에 읽은 책의 스토리를 혼자 알고 있기엔 너무 아까워서 직원들에게 공유했습니다.

지금 생각하니 이른바 전달 독서를 했던 셈입니다. 그렇게 17년을 한결 같이 책갈피에서 찾아낸 저자의 메아리들을 직원들과 공유하다 보니 어느새 그것이 습관이 되어 있었습니다. 게다가 혼자만 좋은 구절들을 아는 것이 아까워서 사람들을 만날 때면 습관적으로 책에 나오는 좋은 글귀들을 전하곤 했습니다. 항상 독서일기도 썼습니다.

이렇게 좋은 글을 잊어버리면 어떡하나 걱정이 되었거든요.

　무엇이건 생각대로 됩니다. 학원을 접었으니 이제 무엇을 해야 할까, 무슨 일을 하면서 인생 2막을 열까 새벽마다 어김없이 긴 고민과 방황이 시작되었습니다. 눈에 보이지도 잡히지도 않는 희미한 안개 속에서 헤매고 있을 때, 17년간 해온 새벽 산행과 반신욕 독서가 많은 도움이 되었습니다. 새벽 어스름이 깔리는 무렵의 반신욕 독서는 제게 경험치 못한 새로운 세계를 알려주고 이 지상의 수많은 성공한 사람들의 파란만장한 희로애락을 마치 내 삶의 일부처럼 느끼도록 해주었습니다.

　마치 제가 그 사람의 반쪽 영혼이 된 것 같은 기분이었습니다. 인생의 여정도 자연과 같아서 비가 와야 무지개가 뜬다는 것을, 먹구름 뒤에는 여전히 태양이 빛나고 있다는 것도 알게 되었습니다. 그때 새로운 길을 찾아가던 제게 큰 힌트를 준 글귀가 앞서 말한 다음의 글귀입니다.

　돈을 벌려면 세 가지를 해라.

　하나, 내가 가장 잘 하는 것을 해라.

둘, 내가 가장 좋아하는 것을 해라.
셋, 다른 사람을 돕는 일을 해라.

고민하는 힘은 위대합니다. 고민의 시간은 지식이 재창조되고 삶이 재창조되는 시간이지요. 무언가 잡힐 듯 잡히지 않는 수많은 혼란이 머리와 가슴을 흔들 때 그 혼란 속으로 온전히 나를 던지는 일이 필요합니다. 그 고민들은 숙성되고 발효되는 시간을 거쳐야 비로소 답을 내줍니다. 하지만 그 고민을 현실적으로 해결해주는 열쇠는 또 다른 곳에 있습니다. 바로 현장입니다.

제가 가장 먼저 잡은 열쇠는 바로 '독서경영'이라는 단어였습니다. 저는 그것을 붙든 채 문을 박차고 현장으로 달려갔습니다. 독서경영을 해보겠다고 다짐하고 나자 곧바로 제 취지와 목적을 알리는 작업에 돌입했습니다. 부산의 여러 중소기업 CEO 분들을 찾아가 어렵게 약속을 잡고 인터뷰를 시작한 것입니다. 이것은 얼마나 많은 회사들이 독서경영을 하고 있는지, CEO들은 어떤 책을 얼마나 읽고 있는지 알기 위해서였습니다.

다행히 많은 CEO 분들이 제 인터뷰에 진심을 담아 답해 주시는가 하면, 회사가 가진 고민들을 풀어내 주셨습니다. 이분들은 한결 같이 성과에 대한 부담감으로 외롭고 고독한 영혼을 책으로 달래고 있었

습니다. 마치 제 모습을 보는 것 같았습니다. 독서경영에 대한 다양한 이야기들이 무르익으면서 우리는 곧바로 고독한 동지가 되어 책으로 소통하는 대화의 꽃이 피었습니다.

그렇게 기업 현장을 찾아 경영자의 고뇌를 보고 듣게 되면서 저는 가장 먼저 "어떻게 하면 이 땅의 경영자들이 더 행복하게 일할 수 있을까?"를 생각했습니다. 낮에는 인터뷰를 위해 기업을 방문했고 밤에는 그 인터뷰 내용을 정리하면서 그들을 위해 뭘 할 수 있을까 고민의 계곡에 풍덩 빠졌습니다. 저녁이 되면 발가락마다 금방이라도 피가 날 것처럼 빨갛게 멍이 들고 아팠습니다. 편안한 운동화만 신다가 갑자기 구두를 신고 종일 걷다 보니 두 발이 퉁퉁 붓곤 했습니다.

그래도 행복했습니다. 내가 하고 싶은 일을 하고 있고, 책으로 인연을 만들어가는 것이 즐거웠습니다. 그렇게 부산에서 1년 동안 눈물이 날 정도로 뛰고 난 뒤 저는 서울로 올라왔습니다. 새로운 삶이 시작되었습니다.

하지만 서울은 참으로 추운 곳이었습니다. 마음은 더 추웠습니다. 부산 아줌마가 서울에 올라왔으니 아는 사람도 많지 않고 가진 재산도 넉넉지 않았습니다. 늘 고독하고 외로웠습니다. 그때마다 읽고 또 읽었습니다. 닥치는 대로 읽고 나면 그 소중한 메아리가 다 날아갈까 싶어서 어떻게든 기록을 남겼습니다.

그러던 중에 한 책에서 보석같은 글귀를 발견했습니다. "시장은 찾는 것이 아니라 만드는 것"이라고. 바로 저를 위한 말이었습니다.

저는 '다이애나 홍 표 상품'을 만들기로 했습니다. 내 색깔, 내 체험은 결코 다른 사람이 흉내 낼 수 없는 것이기 때문이지요. 내 시장을 내가 만들면 경쟁자가 없을 것이라고 생각했습니다. 나만의 상품을 만들자는 다짐, 그것은 신이 주는 축복의 선물이었습니다.

신이 준 고마운 선물을 받는 저는 나름의 독서경영을 다시금 디자인하고 다듬고 가꾸었습니다. 마치 조각가가 진흙으로 작품을 만들어내듯 "CEO를 위한 비즈니스 독서경영"에 모든 것을 걸었습니다. 가장 먼저 한 일은 CEO들을 보다 세부적으로 연구하기 시작한 것이었습니다. 그들이 먹는 음식, 그들이 만나는 사람들, 그들은 무엇을 공부하고 무엇을 갈망하고 있는지 알고 싶었습니다.

그 결과 저는 그들이 공통점으로 성과에 대한 부담감으로 잠 못 이루는 사람들이라는 것을 알게 되었습니다. "힘드십니까? 외로우신지요? 고독하신지요?" 이 세가지 질문에 겉으로는 웃지만 마음으로는 '그렇다'고 답하는 사람들이라는 것을 알았습니다. 그 고독을 씻어줄 무언가가 필요했습니다.

과거에 제가 머리가 터질 듯한 고통 속에서 모든 것을 뒤로 하고

한 권의 책을 집었듯이, 읽고 나면 시원하게 마사지를 받은 듯 영혼
이 맑아졌던 제 경험을 전달하겠다고 마음먹었습니다.

사실상 CEO들은 '미친 사람'들입니다. 회사와 일에 모든 것을 다
바쳐도 성공할까 말까입니다. 그럴 때 그들이 걸을 수 있는 길이란
가시밭길에 가깝습니다. 그러나 그런 면에서 CEO들은 행운아입니
다. 한 가지에 미치면 반드시 성공할 수 있기 때문입니다. 『기적의 사
과』라는 책 보셨는지요?

이 책은 남들은 다 비웃었던 철저한 유기농법으로 9년 동안 사과나
무를 길러내 세상에서 가장 맛있고 건강한 사과를 길러낸 한 농부의
이야기입니다. 그가 사과에 미쳤으니 기적의 사과가 탄생했고, 그 험
한 가시밭길을 지나니 그가 원하는 눈부신 세상이 나타났습니다. 눈
물이 날 정도로 맛있는 사과, 한 입 베어 무는 순간 온몸의 세포가 환
호하는 사과, 심까지 먹게 되는 사과, 썩지 않는 기적의 사과, 판매 개
시 3분 만에 품절되는 사과…. 이 기적의 사과로 만든 수프는 1년을
기다려야 먹을 수 있다고 합니다.

그렇다면 이 사과는 어떻게 만든 사과일까요? 농약과 비료 없이 오
직 자연의 힘에 순종하면서 길러낸 정성입니다. 아니, 한 농부의 혼
이 들어가 있는 사과라고 해야 더 정확한 답이 되겠군요. 농부인 기
무라 씨의 손이 곧 농약이고 비료였습니다. 9년간 홀로 사과나무와

실패와 실패를 거듭하는 가시밭을 걷는 그 마음은 참으로 처절했을 것입니다. 하지만 눈물과 도전, 역경 그 뒤의 성취의 감동으로 마침내 그는 세상 사람들의 입맛을 홀려버렸습니다. 사과는 인간이 만드는 게 아니라 나무가 만든다고 하지만 저는 이 농부의 혼이야말로 기적의 사과를 만들어낸 힘이 아니었을까 생각했습니다.

그렇다면 CEO들은 어떻습니까? 자신의 사업체를 일구고 직원들과 함께 나아가면서 그 손과 마음으로 비료를 만들어내고 농약을 쳐야 합니다. 고단한 직업이 아닐 수 없습니다. 그리고 여기서 우리는 참으로 멋진 진실을 배웁니다. 사과나무는 혼자서는 살 수 없습니다. 주변과 잘 어울려야 튼튼하게 자랍니다. 그 핵심은 바로 흙이었습니다.

CEO들도 마찬가지겠지요. 혼자 빛나는 별은 없으니 직원들과 함께 가야 하고, 홀로 고민하는 대신 책과 함께 고민해야 합니다.

실제로 우리가 사는 세상을 이끌었던 리더들은 모두 책벌레였습니다. 못 말리는 독서광이라 불리는 페르시아 재상 이스마엘을 볼까요. 10세기 페르시아의 재상 압돌 카셈 이스마엘은 여행을 할 때면 11만 7000여 권의 책을 낙타 400마리에 지고 다녔습니다. 한마디로 어딜 가나 책과 함께 하기 위해서 '이동식 서재'를 만든 셈이지요. 동양의 격언 중에는 "무릇 남아는 다섯 수레의 책을 읽어야 한다."는 말도 있습니다.

비단 이런 오랜 옛날이 아니라도 지금만 둘러봐도 많은 훌륭한 리더들이 독서광의 길을 걷고 있습니다. 골프 좋아하기로 유명한 빌 클린턴 대통령은 휴가 갈 때 골프채만 둘러매고 놀러 가는 게 아닙니다. 그는 아무리 바빠도 1년에 평균 200~300권의 책을 읽었고 재임 중에도 연간 60~100권의 책을 독파했습니다.

여행 가방에는 반드시 10권 이상의 책을 넣고 다녔는데 미국에서는 클린턴이 휴가 때 읽은 책이 항상 뉴스의 초점, 서점가의 최고 관심사였습니다. 그가 읽는 책은 곧바로 베스트셀러가 되었습니다.

비단 정치 분야나 작가들뿐만이 아닙니다. 글쓰기를 업으로 하는 사람들 외에 우리나라의 소문난 책벌레 중에는 의외로 경제계 거물들이 많습니다. 나날이 변하는 시장 환경과 경제위기를 타개할 해결책을 마련하려면 다양한 전략 전술과 아울러 최신 세계 동향을 머릿속에 담아두어야 하기 때문입니다. 그렇다면 어째서 이들은 다른 수많은 길을 제쳐두고 책을 선택한 것일까요?

미래학자 앨빈 토플러는 미래의 부는 보이지 않는 무형의 자산이라고 했습니다. 이전까지는 눈에 보이는 것이 중요했다면 이제는 보이지 않는 가치가 미래의 자산이 된다는 것이죠. 그리고 시간, 공간, 지식이라는 세 가지 컨텐츠를 통해 미래의 부를 축적하려면 반드시 독서라는 통로가 필요합니다. 기업들도 바로 이 사실을 알아가고 있기에 점차 독서경영에 관심을 기울이고 있는 거죠.

이른바 잘되는 회사에는 뭔가 다른 게 있습니다. 다양한 요소들이 있겠지만 그 중에 하나는 바로 독서 분위기입니다. 이런 회사들은 독서대학 같은 프로그램을 통해 직원들에게 체계적으로 책을 읽을 기회를 선사하고, 그 책을 통해 사고하는 능력을 훈련시킵니다.

나아가 기업의 독서경영에는 리더가 중요합니다. 세상에 그냥 되는 일은 결코 없습니다.

리더의 독서 습관이 조직의 책 읽기 문화를 만들어내고 조직의 운명을 결정합니다. 직원들에게 "책 읽어라"라고 말하기 전에 리더가 먼저 읽고 직원들로 하여금 "책을 읽고 싶다"는 느낌을 전해주어야 합니다. 이것이 진정한 독서경영의 참모습입니다.

1등과 2등에게는 작지만 큰 차이가 있습니다. 그런데 1등 국가와 2등 국가를 가르는 차이가 무엇인지 아세요? 바로 활자 문화의 성숙도라고 합니다. 활자 문화는 읽고 쓰고 판단하고 말하고 결론을 내리고 대안을 이끌어내는 모든 힘을 의미하기 때문입니다. 어쩌면 2등이나 3등은 시간과 노력만 투자하면 얻을 수 있는 자리인지도 모릅니다. 하지만 1등은 다릅니다. 나라뿐만 아니라 기업, 사람도 마찬가지입

니다. 같은 시간과 노력을 들이고도 최고 자리에 오르는 사람들은 반드시 무언가 열심히 읽는 사람들입니다.

똑같은 어려움 속에서도 살아남는 기업은 많이 읽는 기업입니다. 똑같이 100년의 삶을 살면서도 남들보다 많은 것을 이뤄내는 1등 인재들도 많이 읽는 사람들입니다.

많이 읽고 잘 읽는 나라와 기업, 사람만이 승리할 수 있다는 사실을 기억해야 합니다.

03

독서는 영혼의 마사지다

하루의 시작인 새벽 무렵이 되면 누구나 공평하게 하루를 선물 받습니다. 그런 하루하루의 배경음악이 항상 기분 좋게 흘러가면 좋겠지만, 세상살이는 결코 만만하지도 공평하지도 않습니다. 어떤 날은 클래식이 흐르는가 하면 댄스 곡이 흐르는 날도 있습니다. 어떤 날은 구슬픈 트로트만 울립니다. 화창한 햇살을 맞이하는 때가 있는가 하면, 폭풍우 속에 헤매는 날도 있습니다. 아침은 매일 오지만 항상 태양이 찬란하게 비춰지는 것은 아니지요.

그럴 때 태양을 탓하지 말고 자신을 탓하는 사람은 멋진 삶을 사는 분이지요. 폭우를 만들어내는 것도 결국은 그 자신이요, 찬란한 태양을 만나는 것도 그 자신입니다. 즉 모든 것은 내 안에 답이 있음에도,

대부분의 사람들은 자신의 내면을 면밀하게 들여다보지 못합니다. 다른 사람들은 잘 보면서 자신을 제대로 못 보니 놓치고 사는 것도 많습니다. 하지만 진정한 성찰의 시선은 자기 안으로 향하는 시선입니다. 살다 보면 흐린 날도 있고 맑은 날도 있습니다. 이 두 가지가 적절히 섞일 때 삶도 오히려 조화로울 것입니다. 그리고 책을 많이 읽으면 흐리다고 절망하지 않고, 맑다고 교만하지 않는 내면의 힘이 길러집니다. 고 장영희 교수의 『살아온 기적 살아갈 기적』에 이런 내용이 나오더군요.

「살아보니 내가 주는 친절과 사랑은 밑지는 적이 없다.

내가 남의 말만 듣고 월급 모아 주식이나 부동산 투자한 것은 몽땅 다 망했지만, 무심히 또는 의도적으로 한 작은 선행은 절대로 없어지지 않고 누군가의 마음에 고마움으로 남아 있다.」

이처럼 눈에 보이는 것은 언제든지 내 곁을 떠나갈 수 있습니다. 돈도 명예도, 늙으면 건강도 마찬가지입니다. 보이지 않는 가치가 진짜 보석입니다. 그러니 주식 중독, 복권 중독, 알코올 중독 말고, 이왕 중독될 거라면 책에 중독되는 건 어떨까요? 그것은 큰돈이 들지 않으며, 망할 일이 없으며, 누구에게도 해가 되지 않으며, 오히려 그 중독으로 주변까지 밝힐 수 있습니다.

여러분은 어떤 중독을 가지고 계신지요? 어떤 이는 술잔에 취하고 어떤 이는 고독에 취한다고 했던가요?

저에게는 세 가지 중독이 있습니다.

첫째, 운동 중독입니다. 저의 경우는 하루라도 운동을 하지 않으면 근육이 배고파하는 것을 느낍니다. 그럴 때면 새벽 산행이나 산책을 나갑니다. 천천히 걷다가 점점 빠르게 걷고 가볍게 뛰다가 다시 천천히 걷습니다. 이마에 송글 송글 땀방울이 맺히고, 머리 결 아래가 땀방울로 젖어 들면서 마음의 먼지를 다 씻어줍니다.

둘째, 책에 대한 중독입니다. 하루라도 책을 읽지 않으면 뭔가가 텅 비어버리는 것 같습니다. 책이 없으면 지식의 영양실조에 걸리는 기분이니 역시 책 중독자인 모양입니다. 주문한 책이 빨리 도착하지 않고 배송이 지연되면 조바심이 입니다. 며칠 책을 읽지 않는다고 이렇게 금단 현상이 나타나니 기뻐해야 할지 슬퍼해야 할지 웃음이 다 납니다. 담배나 커피는 끊으면 건강해진다는데, 책을 끊었더니 혼란이 찾아오더군요.

셋째, 쓰기에 대한 중독입니다. 때때로 혼자 있는 시간을 견디기 어려울 때면 혼자 있는 시간을 많이 가져야 작품이 나온다고 했던 유

영만 교수님의 말씀을 기억해 봅니다. 또한 공지영 작가도 그랬습니다. 글을 쓴다는 것은 손가락의 힘과 엉덩이의 힘이라고 말이지요. 공병호 박사도 비슷한 말을 했습니다. 성공이란 머리가 아니라 엉덩이의 힘이라고요.

저는 저녁 무렵이면 사무실 한 켠에 있는 작은 물레방아의 정겨운 물소리를 배경 음악 삼아 엉덩이 무게를 늘리고 이 책 저 책을 뒤져 봅니다.

머리와 가슴을 씻어 내리는 땀방울은 역시 엉덩이와 손가락에서 나옵니다. 몇 시간을 쇼윈도의 마네킹처럼 꼼짝 없이 앉아 있으면 고독과 고요가 흘러와 영혼의 스위치를 작동하기 시작합니다. 모두들 퇴근하고 혼자 남은 고요한 사무실에서 고독을 즐길 때, 같이 놀자고 조용히 손 내미는 고독과 마주보며 책을 읽거나 글을 쓸 때, 텅 빈 사무실에 컴퓨터 자판에서 춤추는 내 손가락을 사랑합니다.

그렇게 쓰기를 계속하다 보면 금방 양치질을 한 입안처럼 개운하고 상큼하게 정신에도 마사지를 받은 기분입니다. 육체에는 산행이나 산책이 운동이라면 책 읽기와 쓰기는 마음의 운동을 하는 시간인 셈입니다.

실제로 우리는 주변에서 수많은 책 중독자, 글 중독자를 만납니다. 조정래님은 자신의 글쓰기를 "황홀한 글 감옥"이라 표현했습니다. 이분은 읽고 쓰지 않으면 도무지 살아갈 수 없는 책 중독의 진수를 보여주고 있습니다. 이외수님은 자기가 쓴 글은 자기가 가장 많이 읽는다고 했습니다. 읽고 또 읽고, 쓰고 또 쓰면서 자신의 정체성을 만들어가는 진정한 작가정신이 느껴진다고 했습니다.

우리도 얼마든지 책 중독자가 될 수 있습니다. 수없이 읽고 느끼고 적다 보면 그 향기가 혈관을 타고 온몸 구석구석으로 스며듭니다. 그렇게 아름다운 중독을 통해 마음 깊이 쌓인 향기는 세월이 지나도 사라지지 않는 불멸의 향기가 됩니다.

물론 책 중독자가 되는 길은 결코 쉽지만은 않습니다. 그러나 어렵지만도 않습니다. 지금 여러분의 책장에 꽂힌 책들을 손끝으로 쓸어보십시오. 그리고 무엇을 읽고 싶은지 마음의 소리에 귀를 기울여 보십시오. 한 대의 담배가 담배 중독, 한 잔의 술이 알코올 중독의 시작이듯이, 책 중독도 마찬가지입니다. 운명처럼 만나는 한 권의 책에서 시작하는 것입니다. 지금 바로 시작하십시오.

많은 분들이 저에게 이런 질문을 합니다.

"저도 책을 많이 읽고, 직원들에게도 책을 권하고 싶습니다. 어떻

게 시작해야 책을 잘 읽을 수 있을까요?"

그런 질문을 받을 때면 저는 항상 이렇게 답합니다.

"그냥 땡기는 책을 읽으면 됩니다."

독서를 잘하려면 무엇보다 독서가 주는 유용함에 대해 잘 알고 있어야 합니다. 그 독서가 자신에게 어떤 의미이고 실질적으로 어떤 도움을 줄 수 있을지 정확한 인식이 필요합니다. "내게 있어 독서는 무엇이다."라고 정의를 내리면 그것이 강한 동기부여가 되어 자연스럽게 그 손을 책장으로 이끌게 되거든요. 그렇다면 저는 독서를 어떻게 정의 내리고 있는지 함께 보실까요?

첫째, 독서는 '영혼의 마사지'입니다. 좋은 책을 읽고 나면 머리가 시원하게 마사지를 받은 느낌입니다. 손으로 하는 마사지가 육체의 피로를 풀어준다면, 감동이 있는 책은 영혼의 피로를 풀어주는 마사지와 같지요. 이렇게 책으로 영혼을 마사지 받으면 얼굴 표정도 달라집니다.

제게는 법정스님의 『일기일회』가 그랬습니다. "추울 때는 추위가 되고, 더울 때는 더위가 되어라. 아름다운 꽃이 피는 것을 보면서 내 인생의 꽃은 어떻게 피고 있는가를 생각해 봐야 한다."는 법정스님의 말씀이 가슴을 울립니다.

사람이 하늘처럼 맑아 보일 때가 있다. 그럴 때 그 사람에게서 하늘 냄새가 난다. 사람에게서 하늘 냄새를 맡아 본 적이 있는가? 스스로 하늘 냄새를 지닌 사람만이 하늘 냄새를 맡을 수 있다.

법정스님의 말씀은 영혼을 마사지하는 힘이 있습니다.

둘째, 독서는 오르가즘입니다. 읽다가 보면 짜릿짜릿한 문장을 만나게 되지요. 언젠가 김영세님의 『이매지너』를 읽는데 그간 찾고 있던 궁금증이 확 풀리는 기분이 들었습니다. "아, 맞아. 그랬구나!" 무릎을 탁 치게 하는 문장을 만나면서 짜릿해지는 기분이었습니다. 독서 디자이너로서 어떻게 책 읽기 목록을 디자인할까 했던 고민의 해답을 찾은 것입니다. 제 고민에 대해 『이매지너』는 이렇게 답해주고 있었습니다.

무언가를 디자인할 때는 사랑하는 사람에게 선물하듯 하라. 사랑이 담기지 않는 상품은 누구도 감동시킬 수 없다.

즉 "한눈에 사랑에 빠질 만한" 상품만이 히트를 칠 수 있다는 것입니다. 다시 말해 『이매지너』는 뜨거운 사랑을 말하고 있었고, 저 역

시 그 안에서 뜨거운 사랑을 느낄 수 있었습니다.

　셋째, 독서는 희로애락입니다. 우리가 일상 속에서 수없이 느끼는 기쁨과 분노, 사랑과 즐거움이 책 속에 다 있습니다. 책갈피는 삶의 여정이 그대로 숨 쉬는 곳입니다.

　매번 즐거운 인생만 살고 싶다 해도 우리 삶은 결코 낭만의 연속일 수만은 없습니다. 세찬 파도가 유능한 뱃사공을 만들듯이 지독한 어려움도 반드시 지나쳐야 합니다.

　"삶이라는 건 다 그런 거구나." 하는 생각이 들 무렵, 저는 『석세스 스토리』라는 책을 만났습니다. 이 책은 때로는 험한 골짜기가 펼쳐지고 가파른 언덕이 펼쳐지는 이 힘겨운 삶을 피하지 않고 사랑하라고 말합니다. 동시에 그 삶에 능동적으로 대응하면서 절벽에서 미끄러지기도 하고 스스로 벼랑 끝에 자신을 세우기도 하는 인간의 힘에 대해서 말합니다. 또한 입에 쓴 보약을 먹고 나면 몸이 건강해지듯, 슬픔 뒤에는 좋은 일들이 꽃처럼 피어난다는 것을 말합니다.

　넷째, 독서는 세계일주입니다. 진정한 자유란 시간도 돈도 맘껏 쓸 수 있는 것을 의미합니다. 그러나 그런 사람이 과연 얼마나 될까요? 대부분 사람들은 시간이 없거나 돈이 없어서 지구촌을 마음껏 여행하고 싶어도 마음으로 그칩니다. 그런 까닭에 세계여행을 삶의 마지막 꿈으로 남겨 두는 사람이 많지요.

제 경우는 책으로 그 세계 일주를 떠납니다. 두바이가 그랬습니다. 두바이를 이야기하는 책을 읽다 보니 가슴이 뛰었습니다. 어떻게 모래사막 위에 그토록 아름다운 도시를 만들 수 있었을까 경이롭기까지 했습니다. 그리고 언젠가는 그곳에 가서 직접 눈으로 그 변화된 모습을 확인해보고 싶었습니다. 그리고 생각대로 이루어진다더니, 마침내 기회가 찾아왔습니다. 서울대 AIP 산업전략 과정에서 기업문화연구 프로젝트가 있었습니다. 11시간 비행기에 몸을 싣고 하늘을 날아갔습니다. 두바이를 직접 체험해 보니 책에서 본 감동 그대로였습니다.

지금 당장 가볼 수 없다면, 서점에 가면 그 미지의 세계들을 만날 수 있습니다. 책 읽기는 지구촌을 책으로 한 바퀴 돌 수 있는 가장 쉬운 방법입니다. 독서는 날개입니다. 책갈피 사이에는 넓은 세상 위를 날아다니는 날개가 숨겨져 있습니다.

다섯째, 독서는 꿀입니다. 읽으면 달콤하니까요. 달콤하니까 자꾸 먹고 싶어집니다. 꿀 같은 문장을 만났을 때는 더더욱 그렇습니다. 그렇다면 과연 어떤 문장들을 꿀이라고 부를 수 있을까요? 사람마다

다를 수 있겠지만 저는 미소 스님으로부터 조급하지 않고 사랑하는 법을 배울 때 그랬습니다. 따뜻한 꿀 차를 마시면 피로가 풀리는 것처럼 피로를 풀어주는 책이 있습니다. 일은 칼같이, 그러나 휴식은 꿀 같이 책과 함께 즐겨야 합니다.

여섯째, 독서는 성공의 꽃입니다. 말할 것도 없습니다. 성공하는 사람들의 공통점은 책을 가까이 했다는 것입니다. 이는 동서고금 만고의 진리입니다. 누군가는 책이 밥 먹여주냐고 묻습니다. 그럴 때 저는 "네, 밥 먹여줍니다."라고 답합니다. 저는 오랜 시간 동안 읽고 쓰는 일을 반복해 왔습니다. 그때는 한 번도 책이 돈을 벌어줄 것이라고 생각하지 못했는데, 어느새 책이 저에게 경제적인 자유를 선사하기 시작했습니다.

비단 저뿐일까요? 직장인들 중에서도, 기업을 이끌어가는 CEO들 중에서도 책에서 길을 찾는 이들이 많습니다. 책에서 찾아내는 길은 가장 훌륭한 지름길이자 안전한 길입니다. 독서의 길은 천천히 가지만, 결코 뒤로 가지는 않습니다. 책갈피에서 생각지 못한 아이디어가 피어나고, 그 아이디어가 대박이 되거나 꿈이 될 수 있습니다.

일곱째, 독서는 맑은 영혼입니다. 책을 좋아하는 사람들의 공통점은 영혼이 맑다는 것이지요. 저는 그간 서울대, 전경련, 로터리 독서 클럽을 진행하면서 이 점을 더 확실히 느낄 수 있었습니다. 책을 좋아하는 사람들의 영혼은 정말로 한결같이 포근합니다. 그들의 미소는 봄 햇살 같습니다. 글을 통해 영혼을 갈고 닦았기 때문입니다. 이처럼 책으로 갈고 닦은 내공이 깊어지면 영혼도 맑아집니다. 또한 영혼 맑은 사람들이 모이니 그 기업은 잘될 수밖에요.

여덟째, 독서는 산삼입니다. 많이 읽는 자가 이깁니다. 산에서 찾을 수 있는 최고의 영약은 산삼이고, 바다에서 찾는 최고의 영약은 해삼입니다. 또한 우리 가슴속에서 약효를 발휘하는 최고의 명약은 책입니다. 책을 많이 읽은 사람은 사색이 깊고, 사용하는 어휘가 다릅니다. 또한 새로운 시장을 찾는 능력도 뛰어납니다. 다른 사람들은 미처 발견하지 못하는 미지의 영역을 찾는 상상력, 세상을 보는 통찰력, 내 상품이 얼마나 시장에 먹힐 것인가를 가름하는 직관력 세 가지가 있기 때문이지요. 그들은 이 세 가지를 바로 책에서 얻습니다. 즉 책을 읽는 일은 갈피 속에 숨어 있는 보물을 찾는 일과 같습니다.

아홉째, 독서는 애인입니다. 『내 삶의 쉼표』라는 책이 그 마음을 그대로 보여주더군요.

일기를 쓸 때, 그리고 지난 일기들을 다시 꺼내 읽을 때, 나는 그 순간 온전한 '나'가 됩니다. 지난 일기 속에, 오늘의 일기 속에 진짜 '나'가 있습니다. 그 글 속에서 나는 가장 안락합니다. 사그라지지 않는 아픔과 눈물이 나를 엄습할 때도 그 글 속에서만큼은 그 눈물을 감당할 수 있기 때문입니다.

또한 저는 책을 읽을 때도 그 책의 향기를 통해 안락함을 느낍니다. 그 향기가 눈물을 감당하게 합니다.

열 번째, 독서는 망원경입니다. 책은 세 개의 눈을 줍니다. 나를 보는 눈, 다른 사람을 보는 눈, 그리고 세상을 보는 눈입니다. 책을 보면 내가 보입니다. 지금 어디에 서 있고 어디로 가고 있는지 자기성찰이 가능해집니다. 또한 인간관계를 맺을 때나 비즈니스를 할 때도 마찬가지입니다. 책은 상대의 신뢰가 어느 정도인지 가늠할 수 있는 타인을 보는 눈을 줍니다. 마지막으로 세상이 어디로 가는지 나의 미래는 어떨지를 멀리 내다볼 수 있는 직관력, 통찰력을 길러줍니다. 책은 세상을 보는 망원경입니다.

열한 번째, 독서는 사랑입니다. 책을 읽으면 마음이 편안해집니다.

절망했던 마음이 서서히 다시 일어서고, 원망으로 얼룩진 한 맷힘도 조금씩 수그러듭니다. 진정한 용서는 나를 용서하는 것이라는 사실을 배우게 됩니다.

　한비야님은 이렇게 말했지요. 글로서 다 털어 놓고 나니 세상과 내가 움직이는 것이 보였다고 말입니다. 세상을 향한, 사람을 향한, 자연을 향한, 자기 마음 가장 밑바닥에 무엇이 있는지도 또렷하게 보였다고 말입니다. 그건 사랑이었다고 말입니다. 사랑이면 다 됩니다. 세상을 움직이는 위대한 힘은 사랑입니다. "가서 그들의 눈물을 닦아주어라." 마음에 와 닿는 문장입니다.

　책이란 제게 혼자 고독하게 눈물을 흘리고 있을 때 눈물을 닦아주는 손수건이었습니다. 책이 있어서 행복한 세상입니다.

04

당신에게도 운명의 책이
있습니까?

읽으면 가슴 뛰는 책이 있습니다. 머리가 맑아지는 책이 있습니다. 한 번 더 읽고 싶은 책이 있습니다. 책상 위에 오래도록 두고 싶은 책이 있습니다. 저는 이런 책들을 일컬어 '운명의 책' 이라고 부르는데요. 저에게도 가슴에 느낌표 하나를 찍어준 그 운명의 책이 있었기에 지금 이 글을 쓸 수 있을 겁니다.

대학 시절 저는 두 마리 토끼를 잡으려고 했습니다. 공부에도 욕심 많고, 일도 소홀히 할 수 없었습니다. 그러다 보니 학업과 일 모두에 시간과 힘을 쏟으며 바쁘게 생활해야만 했지요. 그렇게 바쁜 생활이었지만 제가 빼놓지 않고 하는 일이 있었습니다. 바로 학과목 책을 구입하기 위해 서점 나들이를 다니는 일이었지요. 이것은 저에게는 휴식과 산책과도 같았습니다. 비단 필요한 책이 아니라도 다른 책들을 둘러보고 그것들과 함께 호흡할 수 있다는 것만으로도 행복한 시간이었습니다.

그러던 어느 날, 제 인생을 바꾸게 될 운명의 책 한 권을 만났습니다. 형형색색의 표지들이 꽃밭처럼 피어 있는 책들 중에 유난히 제 시선을 멈추게 한 책이 있었습니다. 바로 앤소니 로빈슨의 『네 안에 잠든 거인을 깨워라』였습니다.

저는 서점 한가운데에서 그대로 발걸음을 멈추고 그 책에 매료되어 읽어 내려가기 시작했습니다. 제가 펴 들고 있는 부분은 저자가 헬기를 타고 미국의 상공을 날고 있는 장면이었습니다. 앤소니 로빈슨은 헬기에서 내려다 본 어느 도시의 빌딩 안에 한 청소부가 열심히 걸레질을 하고 있는 것을 보고 이렇게 중얼거렸습니다.

"아, 저 모습은 8년 전 내 모습인데… 그때는 희망이 보이지 않았지. 나는 그저 청소부였으니까."

그랬던 그가 지금은 많은 사람들의 영웅이 되어 강연을 위해 헬기를 타고 이 도시 저 도시를 날아다니고 있었습니다.

저는 이 대목에서 온몸에 전율을 느꼈습니다. 무엇이 청소부였던

그를 지금 같은 성공한 사람으로 만들었을까요? 가슴속에서 강한 의문이 솟구치면서 계속해서 책을 읽어 내려갔습니다. 그가 들려주는 성공 스토리들 하나 하나가 제 심장 박동을 뛰게 만들었습니다. 그렇게 설레는 가슴으로 읽어 내린 그 한 줄 한 줄은 모두가 버릴 게 없는 소중한 말들이었습니다. 그때부터 저는 이 저자가 일러 준 대로 인생 설계를 시작했고, 22살 어린 나이 때부터 학원 경영 일선에서 뛰기 시작했습니다.

하지만 난관이 모두 물러난 것은 아니었습니다. 하루하루 시간에 쫓기는 전쟁 같은 삶을 살면서 날마다 밤잠을 설치곤 했습니다. 내 학원에 출근하는 직원들, 공부를 배우러 온 아이들 모두를 행복하게 해줘야 한다는 압박감 때문에 막상 저 자신은 행복하지 못했습니다. 어깨는 늘 풀 죽은 배추처럼 쳐져 있었고 머리는 항상 씨줄날줄이 엉켜버린 듯한 혼란스러운 감정으로 가득했습니다. 직원들 간에 트러블이라도 생기면 괜히 '리더인 내가 능력이 없어서 그러는구나.' 하고 부끄러운 감정이 들었습니다.

겨울햇살이 조금은 고마운 어느 날이었습니다. 원장실에 앉아 '영어 스피치&축제' 자료를 준비하고 있었습니다. 갑자기 복도에서 한 선생님이 급히 달려와 문을 두드렸습니다. "원장님, 큰일났습니다."

"왜요? 무슨 일 있나요?"

"민정이가 크게 다쳤습니다."

"아, 어쩌노?"

급히 교실로 달려가 민정이를 업고 병원 응급실로 달려갔습니다. 아. 이외에도거의 날이면 날마다 크고 작은 사건들이 일어났습니다. 하늘이 노래지는 순간이었습니다. 가슴을 누르는 스트레스로 더는 숨 쉴 수 없을 것 같은 기분이 몰려왔을 때 저는 또 한 번 책상 위의 모든 서류를 접어두고 한 권의 책을 들었습니다. 그리고 그때는 몰랐습니다. 그 책이 다시 내 운명을 바꾸어 놓을 것이라는 사실을요. 그 책은 바로 롱거버거의 『롱거버거 스토리』였습니다.

이 책의 저자 롱거버거는 참으로 보잘것없는 학창 시절을 보냈습니다. 공부는 거의 꼴찌 수준이었고, 얼굴은 못생겼고 말까지 더듬어서 주변의 호감을 얻지 못했습니다. 누가 봐도 그는 성공한 사람의 이미지라고는 전혀 찾아 볼 수 없는 사람이었습니다. 심지어 누군가는 그에게 "네가 성공하면 세상에 성공 못할 사람 없겠다."고 야유를 보내기까지 했습니다.

그런 롱거버거가 작은 바구니 회사를 창업했습니다. 바구니를 팔아서 돈을 벌어봤자 얼마나 벌겠어 생각할 수도 있었습니다. 하지만

시간이 흐르면서 롱거버거의 회사는 엄청난 기업으로 성장했습니다. 그런데 여기서 제 눈에 가장 강렬하게 다가온 것은 회사의 성장 자체가 아닌 롱거버거가 가졌던 사업 철학이었습니다.

당시 그는 회사를 운영하면서 얻게 된 수익을 모두 직원들을 위해 재투자하더군요. 돈 버는 족족 자기 호주머니에 넣지 않고 직원들을 위해 꺼내놓았습니다. 돈을 사용하는 방법도 다양하고 사려 깊었습니다. 눈에 뜨이는 재투자는 물론 직원들의 가족들이 경영하는 세탁소, 슈퍼마켓, 꽃가게 등을 방문해서 일부러 물건을 사서 매출을 올려주었습니다. 가정이 편해야 직원들도 회사에서 일에 몰두할 수 있다는 사실을 잘 알았기 때문입니다.

이 부분을 읽으면서 저는 무릎을 쳤습니다. 이 책에서 핵심적으로 전하는 한 줄의 문장이 제 가슴에 종을 울렸습니다. 바로 "사업주가 귀빈이 아니고 직원이 귀빈이다."라는 말이었습니다.

그 순간 아이들이 다치고 사건 사고가 있을 때마다 직원들을 원망했던 저 자신이 너무 부끄러웠습니다. 저자의 힘 있는 메아리 속에서 제 운명이 바뀌는 소리가 들렸습니다.

그날 이후 저는 제 학원의 모든 직원들을 귀빈 대하듯, 하느님 대하듯, 부처님 대하듯 진심을 다해서 대했습니다. 그러자 놀랍게도 모든 혼란이 조금씩 사라지고 참으로 마음이 편안했습니다. 또한 매일 만나는 사람들에게도 귀빈 대하듯 하는 마음을 선사하니 정작 기분 좋은 사람은 나 자신이었습니다.

그렇게 한 동안 시간이 흐르면서 자연스럽게 '기업주의 진정한 삶의 가치는 직원과 고객들의 마음을 감동시키는 것' 이라는 생각이 마음속에 자리 잡았습니다. 나중에 독서 디자이너가 되고 나서도 저는 롱거버거의 정신을 가슴 속에 담고 다녔습니다. 독서경영을 시작하면서 '다이애나 홍 표 독서경영' 은 고객을 하느님 대하듯 부처님 대하듯 존경과 신뢰의 뿌리를 깊이 내려야 한다는 각오가 생겼습니다.

지금도 저는 책 선물을 하는 것을 좋아합니다. 처음 만나는 사람과도 10분만 이야기해 보면 상대가 지금껏 어떤 책을 읽어왔고 한 달에 몇 권 정도의 책을 보고 있는지를 알 수 있습니다. 그럴 때 이 사람에게는 이 책이 어울리겠다, 이런 책들을 선물하면 참 잘 어울리겠다는 생각이 절로 머릿속을 스치곤 합니다. 책으로 그들을 기쁘게 해주어야겠다고 생각합니다.

나아가 슬퍼하고 눈물 흘리는 사람을 봐도, 기뻐하며 웃음 보이는 사람을 봐도, 실패를 경험하고 좌절한 사람을 봐도, 일에 지쳐 쓰러져 가는 사람을 봐도, 자꾸만 책을 선물해주고 싶습니다. 병이 나면 약

을 먹듯이 상대가 책을 통해 건강해지고 영혼이 춤출 수 있도록 전력을 다해 돕고 싶습니다. 롱거버거의 책을 읽은 지 오랜 시간이 흘렀음에도 성공이란 결국 상대를 인정하고 상대의 마음을 울리는 것이라는 롱거버거의 지침이 아직도 제게 영향을 미치고 있는 것입니다.

어떻습니까? 과연 여러분은 마음에 스며든 운명의 책 한 권을 만나셨습니까? 요즘은 이곳저곳 각종 세미나와 리더십 과정들이 많이 개설되고 있는 만큼 스스로 어느 정도 목표를 설정하고 지식을 얻는 것이 가능합니다. 하지만 제가 20대였던 시절만 해도 그런 강좌를 쉽게 접할 수 없었습니다. 게다가 저는 나이도 어렸고, 경제력도 없었습니다. 그런 제게 가장 훌륭한 스승은 바로 '책'이었습니다. 다시 말해 책은 가장 어려운 위기라고 느껴지는 순간, 아무것도 없는 맨주먹을 가진 이들에게조차 훌륭한 스승이 되었습니다. 그러니 좋을 때는 또 얼마나 좋은 에너지를 안겨주겠습니까?

어떤 분은 벌써 운명의 책을 만나 성공의 길로 달리고 계실 테고, 어떤 분은 아직 만나지 못했을 수도 있습니다. 아직 운명의 책을 만나지 못했다면 이제는 나서서 그것을 찾아야 합니다. 서점 나들이도 좋고, 독서 클럽도 좋고, 그도 아니라면 지인으로부터 소개받은 책이라도 좋습니다. 그곳에 바로 지치지 않고 당신을 기다리고 있는 운명

의 책이 숨어 있습니다. 바로 그 책을 만나야 합니다. 그 안의 글귀가
강력한 에너지가 되어 성공의 길로 안내해 줄 것입니다.

05

좋은 글을 쓰려면 가슴을 데워야 한다

지금도 저는 하루에 한 편 이상 독서향기를 적습니다. 처음에는 혼자 알기 아까워서 친구와 나누었고, 시간이 좀 더 지나자 지인들과 나누기 시작했습니다. 그리고 이제는 고맙게도 너무 많은 분들이 제 독서향기를 사랑해주고 계십니다. 그러니 이제는 읽고 나면 습관적으로 씁니다. 그렇게 한 편의 독서향기를 쓰기 위해서는 10권 이상을 읽어야 하니 자연스럽게 한 달에 60여 권을 읽는 독서 습관도 생겼지요.

직원들이 모두 퇴근하고 혼자 조용히 사무실에 있으면 고독이 공기처럼 찾아옵니다. 저는 이런 시간을 좋아합니다. 고독과 놀다 보면 좋은 글이 잉태되고 황홀한 글들의 축제를 즐기게 되지요. 가슴이 충분히 데워지고 손가락은 자유자재로 자판을 두드리게 됩니다. 고요한 사무실에 자판 두드리는 소리가 또닥또닥 지붕 위에 빗방울이 떨어지는 소리 같습니다. 그 소리가 참으로 정겹습니다. 그렇다면 좋은 글을 쓰기 위해서는 어떤 준비 운동을 하고 어떻게 가슴을 데워야 할까요?

첫째는 많이 읽고 많이 쓰고 많이 정리하는 것입니다. 이것은 동서고금 불변의 법칙입니다. 인풋이 많아야 아웃풋도 많아지는 셈이지요. 제 경우는 닥치는 대로 읽고 나오는 대로 씁니다. 가슴이 시키는 대로 손가락이 움직이는 대로 리듬을 따르다 보면 열 개의 손가락이 춤을 춥니다. 처음 독서일기를 쓸 때는 참으로 할 말이 없었습니다. 책을 읽어도 별로 쓰고 싶은 문장이 없었기 때문입니다. 하지만 지금 생각하니 그것은 운명의 책을 만나지 않았기 때문이었어요. 영혼을 스치는 스파크 강한 운명의 책을 만나면 쓸 말도 말고 할 말도 많았을 것입니다.

둘째, 쓰고 싶을 때 써야 합니다. 가슴이 데워지지 않으면 좋은 글이 나오지 않습니다. 그렇다면 어떻게 가슴을 데울까요? 그 방법은 단순합니다. 가슴을 뜨겁게 달구는 문장을 만나면 됩니다. 하지만 심

장이 떨리고 가슴을 데우는 문장은 내 절절함의 정도에 따라 그 온도
도 다릅니다. '궁즉통' 이란 말이 있지 않습니까? 궁하면 통한다고 말
입니다. 즉 내가 가진 절박 지수에 따라 심장의 온도도 달라지게 마
련입니다. 그래서 박형미님도 "벼랑 끝에 나를 세우라."고 했지요.

마음이 뜨거워지면 사정없이 써내려 가십시오. 그런 글에는 불필
요한 이물질이 없습니다. 구차한 미사여구도 없습니다. 억지도 없습
니다. 오직 진실과 솔직함만 있을 뿐입니다. 그런 글이야말로 살아있
는 글이며, 마음의 부활을 도모하는 글입니다. 죽어 있던 심장이 다
시 뛰기 시작하고 잠들었던 가슴이 기지개를 켜는 순간입니다. 그렇
게 쓰고 나면 시원해집니다. 복잡한 머리도 정리가 됩니다.

셋째, 담백하게 써야 합니다. 음식도 담백한 게 맛있고, 글도 담백
한 것이 잘 읽힙니다. 너덜너덜한 미사여구는 과감하게 던져 버리세
요. 중언부언할 때는 냉정하게 엎어 버리고 다시 써야 합니다. 좋은
글을 쓸 때는 손가락에 실리는 힘이 다릅니다. 짧으면 더 잘 읽힙니
다. 글에서만큼은 짧은 것이 긴 것을 이깁니다. 구체적인 메시지를
전달해야 담백한 글이 됩니다.

넷째, 책 속의 한 문장을 찾아야 합니다. 많은 메시지를 찾았다 해

도 '책 속의 한 문장'을 고르라고 한다면 서슴지 않고 말할 수 있는 핵심 메시지를 찾아야 합니다. 그것은 카피처럼 남아서 세월이 오래 지나도 잊혀지지 않습니다. 이렇게 찾은 한 문장을 책갈피 제일 앞에 그대로 옮겨 보세요. 나만의 언어로 재탄생됩니다. 모방, 적용, 창조 가 일어나는 것이지요.

다섯째, 저자의 가슴으로 들어가야 합니다. 책은 읽는 것이 아니라 만나는 것입니다. 책의 갈피 갈피에는 저자의 심장 소리가 뛰고 있습 니다. 그 소리에 내 가슴을 온전히 내줘야 합니다. 저자의 가슴과 내 가슴이 하나가 될 때 새로운 세상이 열립니다. 바로 "아하, 그렇구나!" 의 세상입니다. 그 새로운 세상에서 저자와 함께 노래하고 춤추고 삶 을 나누십시오. 진실한 친구가 되어 보십시오. 저자를 내 마음을 가 장 잘 알아주는 진실한 우정의 상대로 만나는 일이 중요합니다.

언젠가 『천만 원의 약속』의 독후감 공모에 심사위원으로 참여한 적이 있었습니다. 이 책은 부산의 자랑인 김영기 사장님의 인간 존중 경영철학을 엿볼 수 있는 책입니다. 그는 '화미주 인터내셔널'이라 는 이름을 가진 부산의 별난 미용실의 사장님입니다.

그런데 이 미용실은 단순한 동네 미용실이 아닙니다. 그 규모는 부

산, 울산을 통틀어 직원이 250명이나 될 정도로 큰 규모를 자랑합니다.

　당시 김영기 대표는 미용업계에는 익숙지 않은 새로운 경영 전략을 사용했습니다. 바로 아카데미를 개설해서 직원들의 교육에 전력을 투구한 것입니다. 그리고 『천만 원의 약속』은 바로 그의 경영 스토리를 기술한 책으로 출간 후 큰 화제를 모았습니다.

　김 대표는 어린 시절부터 어려운 환경에서 갖은 고생과 어려움 속에서 "딱 천만 원만 벌어보자."라는 각오를 새겼다고 합니다. 그때부터 온갖 궂은일을 비롯해서 실패와 도전을 반복해서 천만 원이라는 돈을 손에 쥘 수 있었고, 그 돈이 종자돈이 되어 지금의 화미주 인터내셔널을 탄생시켰습니다. 그리고 이후 미용실을 개업하고 많은 직원들을 거느리게 되면서 자신이 그토록 갖고 싶었던 천만 원을 이제 직원들에게 돌려주기로 했습니다. 한 달에 천만 원씩 벌게 해주겠다는 약속을 한 것입니다.

　화미주 미용실에 들어서면 제일 먼저 눈에 띄는 것은 손님을 반기는 직원들의 아름다운 음성입니다. 하나같이 손님이 들어오면 "사랑합니다, 고객님. 어서 오세요." 밝은 인사를 건넵니다. 그러면 이곳을 찾아온 손님들은 종일 기분 좋게 해주는 그들의 "사랑합니다."라는 인사를 받고, 친절과 배려를 아끼지 않는 편안한 웰빙 공간에서 헤어 스타일을 연출합니다. 나아가 직원들에게 천만 원씩 벌게 해주 겠다는 리더의 강한 의지가 이제는 그의 책을 읽는 독자들에게도 큰 희망과 의지를 제공했습니다. 책을 읽고 독후감을 보내주면 1등 당 선자에게 천만 원의 상금을 주겠다는 공모를 제안한 것입니다.

얼마나 많은 독후감이 날아들었는지 김 대표와 아카데미 직원들은 읽고 선정하는 데 많은 어려움을 겪었다고 합니다. 그렇게 여러 편을 읽고 나자 결국 전문가의 도움이 필요하다고 판단했는지 제게 도움 을 요청해 왔습니다.

저는 그들의 전화를 받고 시간을 내서 독후감 2009편 중에서 50편 을 골랐지만 하나같이 감동적인 이야기들이라 전문가인 저 역시도 그 작업이 쉽지만은 않았습니다.

드디어 시상식 날, 1등으로 당선된 오형인님의 당선 소감이 발표되 자 장내 모든 사람들이 가슴으로 눈물을 흘렸습니다. 오형인님에게 도 그 순간은 인생에 있어 정말 잊지 못할 이벤트가 되었을 것입니 다. 나아가 천만 원의 상금이 그의 삶에 또 한 번의 기회를 제공했을 것입니다. 책을 가까이 해서 얻어진 뜻밖의 행운의 주인공이 된 그분 의 삶이 참 멋지고 자랑스러웠습니다.

그런데 중요한 건 오형인님의 1등 수상은 그저 운 때문이 아니었다 는 점입니다. 이분은 그 동안 많이 읽고 써온 분으로서 책이 주는 특

별한 영감에 아픈 가슴을 열어 보일 수 있는 용기가 있었습니다. 그
열린 가슴에 숨어 있던 진실이 다른 사람의 마음을 움직이는 열쇠가
된 것이지요. 그의 독후감 첫머리는 다음과 같이 가슴을 울리는 애절
함으로 시작되었습니다.

사랑하는 내 딸 혜림아.

아빠가 이 책을 2년 전에만 읽었더라도 우리 집은 이렇게까
지 파산하지 않았을 텐데, 너무 안타깝구나, 천만 원의 약속
김영기 사장의 철학을 2년 전에만 알았더라도 아빠 회사는 처
참하게 무너지는 것을 막을 수 있었을 텐데 너무 가슴이 아프
구나. 네가 대학 등록금을 제대로 납부하지 못해 친구들 앞에
기가 죽어 있는 모습을 볼 때 이 아빠는 너무나 가슴이 아팠
단다.
　　너의 엄마가 밤늦게까지 일하고 집으로 돌아서 너무 피곤
해서 제대로 씻지도 못하고 지쳐 잠들어 버리는 모습을 보았
을 때 아빠는 정말 부끄러워 어디엔가 숨어버리고 싶었단다.
　　사랑하는 내 딸 혜림아,

> 너는 인생을 절대 실패하지 마라. 김영기 사장의 철학을 실
> 천한다면 결코 실패한 인생을 살지 않으리라 믿는다. 그렇다
> 면 김 사장의 성공철학이 무엇일까? 지금부터 아빠가 하는 이
> 야기를 잘 들어보렴.
>
> (이하 중략)

이렇게 시작된 그 독후감은 어느새 우리 가슴을 잔잔히 젖어 들게
했습니다. 이 글에는 자신의 솔직하고 진실한 실패담을 통해 사랑하
는 딸에게 성공하는 삶을 선사하고 싶어 하는 애틋한 마음이 그대로
녹아 있었습니다.

이처럼 글은 읽는 사람의 가슴을 흔들어 놓아야 합니다. 그 후 몇
달이 지난 어느 날, 퇴근하고 집으로 돌아오니 한 통의 엽서가 와 있
었습니다. 대상을 수상한 주인공 오형인님의 편지였습니다.

홍 원장님, 감사합니다. 저는 그날 독후감 시상금 천만 원으로 새
로이 작은 사업체를 시작했습니다. 이제는 실패를 하지 않으려고 김
사장님의 경영철학을 날마다 실천하고 가슴에 새기고 있습니다. 그
천만 원이 종자돈이 되어 새로운 보금자리를 만들게 되었습니다. 이

에 너무 감사한 마음을 전합니다.

그의 글에는 강한 의지가 묻어났습니다. 처절한 실패가 그에게 특별한 보약이 되고, 성공으로 가는 길을 위한 비료와 자양분이 된 것입니다.

좋은 글쓰기의 4가지 방법

이번 독후감 선정은 몇 가지의 기준을 두고 선정되었습니다. 마지막으로 10편의 잘된 작품은 2~3번 반복하여 읽었습니다. 당시 독후감을 선정할 때 세웠던 기준을 소개해 볼까 합니다.

첫째, 진실성입니다. 글은 얼마나 자신의 목소리와 진실 된 마음이 녹아 있는가가 중요합니다. 즉 남의 이야기가 아닌 자신만의 이야기를 꾸밈없이 솔직하게 호소했는가, 내용이 겉돌지 않고 자신의 영혼에 녹아 들어갔는가에 따라 글의 흐름이 달라지기 때문이죠.

둘째, 독창성입니다. 대부분 독후감은 비슷비슷한 틀을 벗어나지 못합니다. 책의 내용, 느낌, 반성문 형태의 글들이 그렇습니다. 우선

줄거리 요약은 누구나 할 수 있는 것입니다. 따라서 나만의 아이디어로 내 목소리를 낼 수 있어야 합니다. 세상은 베끼기 천국입니다. 좋은 것이 있으면 금방 흉내를 내는 세상입니다. 그런 글들은 식상하고 독자에게 감동을 전할 수 없습니다. 남들이 하지 않는 나만의 독특한 독창성이 있어야 독자의 가슴에 오래오래 기억될 것입니다.

셋째, 삶의 에너지화입니다. 그 책이 준 영감이 내 삶에 얼마나 큰 에너지를 생산해 주고 아이디어를 창조해 주었는가를 보여줄 수 있어야 하는 것이지요. 한 줄의 문장이 인생을 바꿉니다. 책을 읽다 보면 번쩍 하는 순간이 찾아옵니다. 때로는 한 권의 책이 운명까지 바꿉니다. 그 한 권의 책이 지쳐 있는 내 삶에, 길을 잃고 방황하고 있는 내 삶에 어떤 에너지를 선사했고 그를 통해 어떻게 재도약할 수 있었는지를 잘 보여주어야 합니다.

넷째, 감동, 감화입니다. 글을 풀어가는 길목마다 자신이 그 책을 읽을 때 얼마나 진솔한 감동을 느꼈는지를 보여주어야 합니다. 감동과 감화가 있는 책은 그 독후감만 봐도 그 책의 영감을 느낄 수 있습니다. 빨리 나도 그 책을 읽고 싶다는 마음을 갖게 합니다. 이처럼 좋은 글은 사람의 마음을 움직이는 보이지 않는 힘이 있습니다. 가슴을

움직이는 글이 좋은 글입니다.

　미국의 유명한 베스트셀러 작가 스티븐 킹은 다음과 같이 말하였습니다. 글쓰기의 비결은 단 한 가지뿐이다, 많이 읽고 많이 쓰는 것이라고요. 우리나라에서 50년 동안 글쓰기 작업을 이어온 이어령 박사는 자신만의 독특함이 있어야 한다고 하셨습니다. 부디 많은 분들이 많이 읽고 많이 써보는 시간을 통해 좋은 독서와 글쓰기 작업을 즐겨보실 수 있도록 기원합니다. 마지막으로 아직도 쓰고자 하는 용기가 없는 분들, 아직도 책 속에서 희망을 찾기 어렵다고 믿는 분들을 위해 시 한 편 소개합니다.

　노래를 잘 부르는 사람보다
　노래를 잘 할 수 있다는 꿈을 가진 이가 더 아름답습니다.
　지금 공부를 잘하는 사람보다
　공부를 더 잘 할 수 있다는 꿈을 간직한 이가 더 아름답습니다.

　숱한 역경 속에서 아름다운 삶을 꽃피우는 사람들은
　한결 같이 원대한 꿈을 가졌습니다.
　암울의 시대에 문지기를 자청했던 김구 선생도
　대한민국의 독립을 꿈꾸었습니다.

젊고 나약하기만 했던 간디도

인도 독립의 꿈을 버리지 않았습니다.

두 귀가 먼 절망의 늪에서도

베토벤은 위대한 교향곡을 꿈꾸었습니다.

꿈이 있는 사람은 아름답습니다.

돈을 많이 가진 사람보다

돈을 많이 벌 수 있다는 꿈을 가진 이가 더 행복합니다.

글을 잘 쓰는 작가보다도

글을 잘 쓸 수 있다는 꿈을 안고 사는 이가 더 아름답습니다.

- Fuellenbach의 「불을 놓아라」 中에서

용기를 가지십시오. 모든 재능과 희망은 처음부터 우리에게 있지 않았습니다. 그것은 우리의 바람과 노력에 따라 나무처럼 자라나는 것입니다.

사람이 아름다운 것은 꿈이 있기 때문입니다

2장

독서 지능지수가 높은 조직이 승리한다

호기심과 열정으로
달려드는 유혹의 독서

마쓰시타 고노스케는 "경영은 예술이다." 라고 말했습니다. 그런데 그를 경영의 예술가로 만들었던 것은 다름 아닌 '가난, 허약체질, 무학(無學)' 이었습니다. 그는 초등학교 4학년 때 화로 가게 점원으로 시작해서 자전거 가게에 17살 때까지 일을 했습니다. 이후로는 시멘트 운반하는 일을 거쳐 오사카 전등 회사에서 경험을 쌓은 후 사업을 시작했습니다. 아내와 처남과 개업한 초라한 목재 건물 가게가 사업의 시작이었습니다.

1918년 3월 7일 문을 연 마쓰시타 전기는 내셔널 파나소닉(national panasoinc), 테크닉스빅터(technics victor) 브랜드를 히트시켜 국내·외 관련 회사 570개, 직원 19만 명의 대규모 회사로 성장했습니다. 그

러나 그가 일본에서 '경영의 신(神)'으로 추앙 받은 진짜 이유는 다른 데 있었습니다.

경영을 단순한 "돈벌이"가 아닌 사람들의 행복에 기여하는 가치 있는 종합예술로 여겼다는 점이었습니다. 그로 인해 마쓰시타의 삶은 패전국이었던 일본이 세계 경제의 선두로 올라서는 데 가장 역동적인 견인차 역할을 했습니다. 그는 이렇게 말했습니다.

국가 간 경쟁에서 승리하려면 직원 모두가 능률을 두세 배로 올려 서양의 일류기업에 조금도 뒤지지 않아야 합니다. 그러자면 미국처럼 5일 동안 일하고 이틀은 쉬어야 합니다. 마쓰시타 전기가 5년 후 그런 모습이 되도록 하겠습니다.

1977년 10월에는 경영학의 구루 피터 드러커가 정주영을 찾아온 일이 있었습니다. 정주영의 성공담을 잘 알고 있었던 그는 정주영을 만나자마자 '정주영식 경영'에 대해 진단을 내렸습니다. 합리주의와 이성의 힘만으로 경영의 세계에 닥쳐올 불확실성과 위험 요소를 껴안고 갈 수 없다는 것입니다. 그러자 정주영은 이렇게 말했습니다.

"드러커 교수님, 아예 우리 둘이 합치면 어떻겠습니까? 교수님의 머리와 저의 손발이 만난다면 세계적인 기업이 탄생하지 않을까요?"

지금은 두 분 모두 고인이 되셨지만, 그들의 경영의 혼은 지구촌 사람들의 가슴에 늘 열정의 불꽃을 피우고 있습니다. 이처럼 성공한 사람들에게는 공통점이 있더군요.

첫째, 삶에 열정이 묻어납니다.

삶과 열정에는 마침표가 없습니다. 그런 열정은 우주를 두 바퀴 반이나 돌고도 남을 만한 에너지를 제공합니다. 열정이 있으면 젊은이요, 열정이 없으면 늙은이라 했습니다. 그런데 그 아름다운 열정은 어디서 나올까요? 바로 호기심입니다. 호기심은 열정을 만듭니다.

둘째, 날마다 진화하는 삶을 삽니다.

물도 한곳에 머물면 썩습니다. 마음도 한곳에만 머물면 상처를 부릅니다. 물이 흘러 큰 바다로 가듯 마음도 인연 따라 흘러야 상처가 없습니다. 우리네 삶도 물과 같습니다. 물처럼 흘러 큰 바다로 가는 길은 결코 평탄하지만은 않습니다. 낭떠러지도 만나고 돌 뿌리도 만나고 계곡을 돌고 돌아, 마침내 아름다운 폭포를 만들고 큰 바다를 만납니다. 삶도 한 곳에 머물러 있으면 부패됩니다. 호기심의 눈빛으

로 세상을 보면 다른 세상이 보입니다. 태초에 인간은 진화하는 동물이었던 것처럼 우리의 두뇌도 진화가 필요합니다.

셋째, 새로운 것을 창조하는 능력이 있습니다.

길가에 꽃 한 송이도 존재하는 이유가 있습니다. 꽃이 아름다운 것은 우리에게 그 아름다움을 볼 수 있는 눈이 있기 때문입니다. 이 우주 공간에 아무리 새로운 것이 무수히 널려 있다 한들 그것을 발견하는 눈이 없다면 아무 소용없는 것입니다. 하지만 호기심이 가득한 사람들의 눈에는 가끔 그 새로운 것들이 모습을 드러냅니다. 즉 그들은 보이지 않는 것을 보는 눈을 가진 사람들이지요. 이런 이들은 새로운 것을 창조하는 능력을 스스로 찾아 만들어냅니다.

넷째, 늘 안테나가 세워져 있습니다.

한 사람의 삶은 그 안테나가 결정합니다. 안테나가 어디에 세워져 있느냐에 따라 걸려드는 정보도 달라집니다. 간절히 원하면 반드시 이루어진다고 했습니다. 안테나를 가동시킬 때 그 안테나에 간절함을 담아 보세요. 그러면 반드시 놀라운 에너지가 걸려들게 됩니다.

다섯째, 자신만의 색깔을 가지고 있습니다.

전문가들의 또 하나의 공통점은 분명한 자신만의 색깔을 가지고 있다는 것이지요. 다른 사람 옷을 내가 입으면 어색하듯이 다른 사람의 색깔을 훔치려 하지 마십시오. 세상에서 가장 아름다운 색깔은 바로 나 자신의 색깔입니다. 나만의 색깔을 만들어 보세요. 삶이 달라집니다.

이런 열정과 힘을 불러일으키는 가장 큰 에너지 중에 하나가 바로 호기심입니다. 호기심은 독서를 부르고 독서는 호기심을 부릅니다. 책을 읽으면 더 궁금한 것들이 생기게 되고, 궁금증이 생기면 또 책을 보게 됩니다. 젊은이와 늙은이의 차이점은 바로 호기심을 갖고 있느냐 없느냐 하는 것이지요. 그렇다면 호기심은 과연 우리에게 어떤 영향을 미칠까요?

이 책을 집필하기 위해서 장수하는 사람들을 연구해봤습니다. 장수하는 사람들에게는 두 가지 공통점이 있습니다. 적게 먹고 인생을 즐기는 것입니다. 그런데 여기에 하나를 추가하고 싶습니다. 바로 '호기심= 독서' 입니다.

　예를 들어 피터 드러커는 놀라운 한 가지 습관이 있었습니다. 96세로 마지막 숨을 거두는 순간까지도 그의 손에는 볼펜이 쥐어져 있었습니다. 그는 죽는 순간까지 글을 썼습니다. 그리고 자기 일을 사랑했던 만큼 최후의 순간조차도 행복했습니다. 그렇다면 그는 그 많은 저서를 집필하기 위해 얼마나 많은 책을 읽었을까요?

　2009년은 그의 100주년이었습니다. 이 해에는 피터 드러커의 탄생을 추모하고 회고하는 여러 추모전들이 열리고, 그와 관련한 책들도 많이 출간되었지요. 잘 알려져 있다시피 그는 GE와 IBM 등 유수의 기업들에게 최고의 컨설팅을 제공한 컨설턴트였습니다. 그럼에도 그는 항상 자신을 '글쟁이'라고 불렀습니다. 여러 가지 일을 해도 결국은 글 쓰는 일이 주업이라는 것이었지요.

　그는 자신이 무슨 일을 하고 있고, 왜 그 일을 왜 하는지를 잘 알았으며, 늘 호기심을 가지고 세상을 바라보았습니다. 그럼으로써 그의 경영학 사상과 학문적 업적은 수많은 저서를 통해 태평양 건너 대한민국에서도 그 빛을 발휘했습니다. 그가 92세가 되던 해에 누군가 "당신의 친구들은 대부분 은퇴했는데 언제 은퇴할 계획인가?" 하는 질문을 던졌습니다. 그때 피터 드러커의 답변은 명료했습니다.

　"저는 은퇴할 욕심이 없습니다."

　4년 뒤에 그는 96세를 일기로 세상을 떠났지요.

피터 드러커를 떠올리면 거의 동시에 생각나는 앨빈 토플러도 마
찬가지입니다. 그는 1928년 뉴욕에서 태어나 뉴욕대학교를 졸업한
뒤 중서부 공업지대에서 용접공으로 일했습니다. 당시 그는 노동조
합 관련 잡지에 글을 기고했는데 이미 그때부터 문필가로서 두각을
나타냈고 시간이 흐르자 저명한 저널리스트가 되었습니다. 뉴욕대
학교와 마이애미대학교 등 5개 대학에서 명예박사 학위를 받았고,
코넬대학교에서는 객원교수를 역임했지요.

미국의 미래학자인 그는 지금까지도 아름다운 미래 세상을 위해
호기심을 잃지 않고 있습니다. 그는 평생 4권의 책을 썼는데, 마지막
저서 『부의 미래』는 12년을 걸쳐 만든 작품입니다. 저 역시 이 책에
서 인생을 바꾼 한 문장을 만났습니다.

"보이는 부가 있고 보이지 않는 부가 있다. 이제는 보이지 않는 부
가 세상을 이끌어간다."

나아가 저는 미국의 미래학자인 그가 대한민국에 대해서도 자세히
알고 있다는 사실에도 크게 놀랐습니다. 그는 이렇게 말했습니다.

● 북한이 남한에게 우리 결혼하자고 손을 내밀면서 결혼예물로

'핵무기'를 들고 나오면 남한은 결혼예물로 무엇을 준비하고 있는가?

● 강남 부인들은 절대 살이 찌지 않는다. 자기관리가 철저하기 때문이다.

● 앞으로 세상을 이끌어가는 곳은 아시아다. 미국과 유럽은 점점
무너지고 아시아가 급부상할 것이다. 한국, 일본, 중국은 경쟁이
아닌 친구의 관계로 나아가야 한다.

2007년 6월, 국제도서박람회에서 앨빈 토플러를 초청해 독자와의
만남 행사를 연 적이 있습니다. 당시 그의 조용하면서도 강한 스피치
가 인상적이었는데, 어떻게 미래학자가 되었냐는 질문에 딱 두 가지
를 말하더군요. 우선 하나는 책을 많이 읽었다는 것입니다. 그는 이
렇게 말했습니다.

"나는 책 읽는 기계이며 신문 중독자다. 독서와 7개의 신문이 날마
다 나를 도전하게 만들었다."

나아가 그는 두 번째 비결로 길거리 공부를 말했습니다. 전 세계를
돌아다니며 문화를 체험하고 배운 게 큰 도움이 되었다는 것입니다.
즉 그는 책과 현실 그리고 몸과 정신 모두의 경험을 통해 미래에는
보이는 부와 보이지 않는 부가 뒤엉켜 엄청난 변화가 올 것임을 알았

던 것입니다. 또한 그는 앞으로의 세상은 호기심을 가지고 도전하는 사람이 주도하게 될 것이라고 선언했습니다.

어떠세요? 책 속에서 길을 발견하리라는 믿음으로 호기심 넘치는 책 읽기를 도전으로 삼아 보세요. 그것이 미래를 내다보는 안목 지수를 높이는 큰 힘이 될 것입니다.

02

독서는 미래를 내다보는 망원경이다

세계적인 부자 빌 게이츠는 어떻게 탄생했을까요? 여러 영향이 있었겠지만 가장 큰 우군은 바로 그 부모님이었습니다. 그의 부모님은 아들로 하여금 앞만 바라보는 확대경이 아닌, 멀리 보는 망원경으로 세상을 보도록 교육시켰고, 그 망원경은 그에게 미래 세상을 볼 수 있는 안목을 선사했습니다.

남들은 이 세상을 그냥 보는데, 빌 게이츠는 망원경으로 보니 보이지 않는 것도 보고, 들리지 않는 것도 듣고, 숨겨져 있는 신비도 볼 수 있었습니다. 또한 그는 그 망원경을 지렛대 삼아 세계적인 기업인 마이크로소프트사를 창업했으며 어려운 사람들을 위해 아름다운 기부도 아끼지 않았습니다.

그렇다면 그 망원경은 어떻게 만들어졌을까요? 그것은 결코 멀리 있는 것도, 어려운 것도 아니었습니다. 바로 빌 게이츠가 잠들기 전에 습관적으로 책을 읽어주었던 그의 어머니 덕이었습니다. 어머니가 이야기 책을 읽어주는 동안 빌 게이츠는 책이 전해주는 상상의 세계를 무한하게 누비며 잠들었습니다. 그리하여 7살 때부터는 백과사전을 만화책 읽듯이 읽게 되었고, 도서관을 놀이터 삼아 성장했습니다. 그렇게 방대한 독서로 기초가 너무 튼튼하다 보니 나중에 대학교에 들어가서는 그 유명한 하버드대학교의 수업도 시시했습니다.

한번은 수학 시간에 이런 일도 있었습니다. 지나치게 난해한 교수님의 설명에 학생들이 재차 설명을 요청했습니다. 그래서 교수님도 더 자세히 설명을 시도했지만 여전히 학생들은 고개를 갸우뚱하기만 했습니다. 그것을 지켜보던 빌 게이츠가 "교수님, 제가 한번 풀어보겠습니다."라고 말한 뒤 허락을 받고 칠판에 간단하고 쉽게 설명을 시작했습니다. 그러자 이해를 못해 끙끙대던 학생들도 정말 쉽게 풀이를 해내는 빌 게이츠를 휘둥그런 눈으로 바라보았습니다.

학생들도 놀랐지만 더 놀란 사람은 말할 것도 없이 교수님이었습니다. 그 교수님은 얼굴이 붉어지고 긴장의 빛이 역력했습니다. 다른 교수들도 빌 게이츠가 수업을 들어오는 시간이면 매번 긴장의 끈을 놓지 못했습니다.

우리는 새로운 지식을 습득할 때 눈이 빛납니다. 내가 모르는 걸 알게 되면 관심을 갖게 됩니다. 하지만 빌 게이츠는 이미 엄청난 독서량을 통해 수업 내용을 거의 다 알고 있었고, 급기야 대학교를 박차고 세상으로 나왔습니다. 그가 자퇴서를 제출하자 담당 교수가 말했습니다.

"학교를 그만 두면 부모님한테 실망을 안겨드리지 않겠나? 잘 생각해 보게."

그러자 빌 게이츠는 고개를 저으며 말했다.

"천만에요, 우리 부모님은 더 좋아하실 겁니다."

실제로 그의 부모님은 딱 한 마디 던졌습니다. "아들아, 나는 너를 믿는다." 아이는 그 부모가 가장 잘 아는 법입니다. 부모는 자신의 아이가 무엇을 원하고 있고, 무엇을 먹고 싶어 하는지, 그리고 어디로 달려가고 있는지 그 가슴의 심장 소리를 듣는 사람입니다.

빌 게이츠의 부모 또한 어릴 때부터 빌 게이츠의 심장 소리를 책으로 키워주었군요. 빌 게이츠가 무엇이 자기 가슴을 뛰게 하고, 눈망울을 빛나게 만드는지를 스스로 알 수 있도록 어둠 속에서 하나씩 징검다리를 놓아 주었습니다. 늦은 밤 시간에 책을 읽어주면서 잠들어 있는 아이의 꿈을 깨워주고, 가슴에 꿈을 품고 살아가도록 훈련을 시킨 것입니다. 무한한 상상 속에서 세상을 미리 보고 자세히 보는 망원경을 만들어준 것입니다.

망원경으로 바라본 그 세상에는 보통 사람들이 볼 수 없는 마법의 세계가 있었습니다. 아이를 미래의 세계로 안내하는 책 한 권, 그것이 빌 게이츠 부모가 가졌던 마법의 힘이었습니다.

그렇다면 기업은 어떨까요? 비즈니스도 마찬가지입니다. 비즈니스란 결국 통찰의 힘에서 시작됩니다. 책 읽는 리더, 힘 있는 책의 메아리가 건실하고 훌륭한 직장인을 길러냅니다. 또한 그 통찰과 추진의 힘을 기르는 데 최고의 자양분이 바로 책입니다.

언젠가 정진홍님의 『인문의 숲에서 경영을 만나다』라는 책을 읽었는데 가슴에 징~~ 하고 종을 울리더군요. 인문학의 숨은 힘은 문(文), 사(史), 철(哲)인데, 문장은 사람의 마음이고 영혼이며, 역사는 거울에 비추어 스스로를 반성하는 일, 철학은 삶의 원리를 발견해가는 살아있는 운동입니다. 저자 정진홍님은 이 인문의 숲에서 경영 원리를 발견했습니다. 함께 보실까요?

역사 - 흥륭과 쇠망의 이중주

이 장에서는 중국 왕조 청대 130여 년간의 찬란한 전성기를 이룩한

강희제, 옹정제, 건륭제의 리더십을 다루고 있습니다. 천리마는 어디에나 있지만, 그것을 알아볼 눈을 가진 사람은 드뭅니다. 그들은 바로 그 '눈' 을 가진 사람들이었습니다. 보는 눈을 키워야 합니다.

창의성 - 새로운 문화를 만드는 힘

새로운 것에 도전하려면 다섯 살짜리 아이의 시선으로 세상을 봐야 할 때가 있습니다. 천재의 가장 중요한 속성은 순진함이니까요.

창의성을 갖기 위한 3가지 원칙

1) 일 30, 놀이 70의 비율을 지켜야 합니다.

잭 웰치는 어째서 그토록 오랜 경영 일선에 서서 지치지 않고 일할 수 있었을까요? 바로 잘 놀았기 때문입니다. 그는 자기 일을 대신 해줄 사람을 찾는 데 능숙했고, 그 덕분에 항상 70%의 휴식 원칙을 고수하며 충분히 재충전을 했습니다.

2) 400년 이상 된 고전을 많이 읽어야 합니다.

창의성을 기르려면 남들의 시선이 닿지 않는 낯선 곳에서 무언가를 끄집어내야 합니다. 고전에는 시대를 초월하는 깊이가 있습니다.

3) 몰입의 즐거움을 배워야 합니다.

위대한 작가들은 골방에서 시를 쓰고 글을 썼습니다. 미쳐야 몰입하고, 몰입하면 창조가 시작됩니다. 에디슨이 1,037개의 특허를 낼 수 있었던 것도 바로 몰입을 통한 영감의 힘이었습니다. 영감이 날카롭지 않으면 아무리 노력해도 좋은 결과를 얻지 못합니다. 오감의 날을 세우면, 그만큼 세상도 크게 열립니다.

로마는 하루아침에 이루어지지 않았습니다. 마찬가지로 하루아침에 무너지지도 않았습니다. 항상 깨어 있어야 합니다. 위기가 로마를 더 강하게 만들었습니다.

망원경만 갖추면 어떤 조직도 미래를 바라보고 승리할 수 있습니다. 책은 결코 거짓말을 하지 않습니다. 중요한 것은 그 렌즈를 어떻게 우리 가슴과 눈에 장착할 것인가입니다.아마 또 다른 책 읽기가 필요할지 모릅니다. 독서에는 하나의 렌즈를 갈고 닦고 또다시 갈고 닦으며 안목을 넓혀가는 즐거움이 있습니다.

03

잘되는 기업은
책으로 소통한다

혼자는 외롭고 고독합니다. 잘 나이 들어가는(Wellaging) 사람들의 공통점은 잘 어울린다는 것이지요. "빨리 가려면 혼자 가고 멀리 가려면 함께 가라."는 인디언 속담처럼 함께 하면 멀리 오래 갈 수 있습니다. 책 읽기도 마찬가지이지요.

직장이라고 하면 흔히 '아침에 출근할 때마다 괴로워지는 곳'이라고 여기기 쉽습니다. 그러나 그렇지 않은 기업들도 분명히 존재합니다. 포스코 광양 제철소가 그 대표적인 기업입니다.

그간 저는 여러 기업들에 독서 코칭을 다녔습니다. 그런데 몇 번 그 기업들을 방문해 보면 기업마다 역력히 기운이 다르다는 것을 느끼게 됩니다. 그리고 잘되는 기업들은 그 직원들이 월급을 받기 위해서가 아니라 사랑을 받기 위해 출근합니다. 포스코 광양 제철소도 마찬가지입니다. 이곳에서는 누가 상사인지 누가 부하인지가 중요하지 않습니다. 모두가 다 사장입니다. 일을 시켜서 하는 것이 아니라 찾아서 하는 이들입니다. 동료들과 함께 의논하고 아이디어를 모읍니다. 혼자만 알고 있던 작은 아이디어를 함께 공유하면서 솜사탕처럼 풍성하게 부풀릴 줄 압니다. 아이디어의 재창조가 일어나는 순간입니다.

나아가 일에서뿐만 아니라 여러 면에서 포스코는 이끌어주고 밀어주고 응원해 주는 진한 가족애가 흐릅니다. 날마다 같은 직장에서 같은 사람들과 비슷한 업무를 하는데, 서로가 서로를 불편하게 대한다면 어떨까요?

월요일 출근하는 발걸음이 무거우면 하루 종일 피곤할 것입니다. 피곤한 머리에서는 좋은 아이디어가 나올 수 없습니다. 고작해야 밀린 업무를 처리하는 일에 급급할 수밖에 없습니다.

아이디어는 이완의 시간에 섬광처럼 스쳐 지나가는 빛과 같습니다. 맑은 영혼들이 서로 악수하며 만났을 때 새로운 아이디어가 나옵니다. 그렇다면 과연 이 회사는 어떻게 해서 행복한 직장이 되었을까요?

첫째는 독서였습니다. 이 분들은 가정과 회사 모두를 독서향기로 물들이고 있습니다. 직원들에게 책을 권하고 함께 읽고 토론하는 것도 부족하다고 여겨서, 직원 가족들까지 회사에 초청해 특강을 실시합니다. 「자녀 성공 도와주기 독서경영」도 이런 특강 중에 하나로 직원 가족들의 열화와 같은 성원을 받았습니다. 그리고 이런 노력이 계속되면서 포스코에서는 가정과 직장이 모두 한 방향으로 나아가며 독서 바이러스가 산불처럼 번졌습니다.

언젠가 이곳에 『일본전산 이야기』 독서 코칭을 갔을 때 일입니다. 최근에 『시크릿』을 읽고 있다는 한 직원 분이 가방에 넣어 다니는 책 4권을 보여준 적이 있습니다. 그분은 그렇게 매일 가방 안에 몇 권의 책을 넣어 다닌다고 했습니다. 게다가 자투리 시간을 놓치지 않고 이 책들을 보는데 제가 전수한 DH 독서법을 효율적으로 잘 활용하고 있었습니다. 독서가가 따로 없었습니다. 억지로 책을 보는 것이 아니라 스스로 책이 좋아 읽고 있으니까요. 그렇다면 어째서 우리에게는 이렇게 책을 읽으려는 노력이 필요한 걸까요?

바쁘고 복잡한 현대사회 속에서 우리는 평생 대부분의 시간을 회사에서 보냅니다. 그리고 일상적인 업무를 진행하면서 바쁨, 지루함, 미움, 원망, 기쁨, 슬픔 등 갖가지 상념을 느낍니다. 따라서 우리에게는 반드시 이것을 해소할 무언가가 필요합니다. 업무 뒤에 이어지는 회식, 가끔씩 가는 야유회나 연말 포상만으로는 부족합니다. 일상적으로 그리고 정기적으로 우리를 다독여 주고 해소해 줄 무언가가 필요합니다.

포스코 직원에게는 바로 책이 그 역할을 합니다. 이분들은 책을 통해 부정적 의미를 모두 날리고 해소합니다. 흰 도화지처럼 백지 상태로 만든 얼굴에 사랑, 기쁨, 보람, 배려, 아름다움, 감미로움 같은 것들을 담으려고 노력합니다. 이들은 가슴이 사랑으로 가득 채워지면 그 사랑이 머리에도 얼굴에도 가슴에도 흘러 넘쳐 다른 직원들에게까지 향한다는 것을 너무 잘 알고 있는 것입니다. 헬렌 켈러의 말처럼 세상에서 행복해지는 간단한 방법은 감사하는 마음을 갖는 것인데, 이들은 그 방법을 책 속에서 찾고 있는 것입니다.

성공하는 기업은 다른 게 아닙니다. 저는 배려와 사랑이 넘칠 때 그 회사는 잘될 수밖에 없다고 믿습니다. 서로를 배척하고 선을 긋는 직원들이 많은 회사는 결코 화합하고 발전할 수 없습니다. 책은 그런 면에서 직원들과 직원들 사이를 엮어주는 하나의 끈입니다. 실제로 많은 회사들에서 독서클럽을 실시한 이후 직원들 간의 유대관계가 끈끈해지는 것을 경험하곤 합니다.

"요즘 무슨 책 읽어?", "와, 나도 그 책 읽어봤어."라고 말할 수 있는 이들이 많은 조직은 결코 와해되지 않습니다. 기업의 튼튼함은 매출이 다가 아닙니다. 이런 튼튼한 유대가 바로 경쟁력이고 힘입니다.

독서를 통한 내 삶의 비전 만들기

매년 1월이 되면 새해 계획을 세웁니다. 시작이 반이지요. 좋은 시작은 좋은 결과를 가져옵니다. 저의 경우 해마다 새해가 되면 우선 목욕을 합니다. 몸과 마음을 정갈히 한 다음 명상을 하지요. 명상을 하면서 한 해 목표를 만듭니다. 그리고 작년에 가장 아쉬웠던 것을 제일 우선순위에 둡니다.

기업에 독서코칭을 하면서 직원들에게도 독서를 통한 비전 만들기 프로젝트를 해보았습니다. 모두들 심각모드로 들어갑니다. 마음의 의지가 생기는 시간이지요. 내 삶의 창조가 일어나는 순간입니다. 생각이 현실을 만듭니다. 마음에 어떤 생각을 가지고 있느냐에 따라 성공적인 삶이냐가 그럭저럭 삶이냐 결정되는 것이지요. 조용한 클래식 음악에 마음을 맡깁니다. 조용한 음률을 따라 내 삶이 보입니다. 어디까지 왔고 어디에 서 있으며 앞으로 어디를 향해 달려갈 것인지 보입니다. 이것은 가족 워크샵에도 참으로 좋은 프로그램입니다. 아이들도 자신의 꿈을 그려볼 수 있는 시간이지요.

　꿈이 있는 가정은 웃음꽃으로 피어납니다. 꿈이 있는 기업은 성장의 꽃으로 피어납니다. 꿈이 우리를 재촉합니다. 그 꿈이 나를 이끌어주기 때문입니다. 때때로 꿈을 생각하면 황홀해집니다. 그 꿈이 점점 커지기 때문이지요.

04

맛있는
독서토론이 회사를 살린다

독서발표와 독서토론은 회사의 에너지를 집중시키고 새로운 아이디어를 발산하는 가장 훌륭한 장입니다. 와글와글 모여서 책에 대해 자유롭게 이야기하고 즐기는 분위기는 일상 업무에서 쌓이는 스트레스를 풀어줄 뿐만 아니라 새로운 아이디어와 창조를 도와주는 훌륭한 자리입니다.

거창하지 않아도 좋습니다. 한 분기에 한 번, 한 달에 한 번, 아니면 일주일에 한 번, 같은 책을 읽고 모인다는 것만으로도 즐겁습니다.

하지만 독서토론과 독서발표에도 효율적으로 진행하기 위한 원칙이 필요합니다. 이는 딱딱한 규칙이 아닌 서로간의 애정 넘치는 합의 정도로 보면 되겠군요. 서로의 말에 경청하고 서로를 격려하고 추임새를 넣어주는 독서토론장의 활기, 바로 다음과 같은 원칙들에서 나옵니다.

맛있는 독서발표의 5가지 원칙

원칙 1 : 마음을 열자

세상에서 가장 어려운 세 가지가 있습니다. 하나는 물구나무를 서서 음식을 먹는 것입니다. 두 번째는 자녀를 키우는 일입니다. 세 번째는 사람들 앞에서 발표하는 일입니다. 이 세 가지 모두가 참으로 쉽지 않습니다. 발표하는 것도 어려운데 책의 핵심까지 전달하려니 더 쉽지 않을 수밖에요.

그런데 이런 독서 발표를 좀 더 쉽게 할 수 있는 방법이 있습니다. 한 사람의 발표에 앞서서 참가한 모든 사람들이 함께 준비 운동을 하는 것입니다. 이 준비 운동이면 발표하는 사람도 막혔던 입이 훨씬 시원하게 뚫리게 됩니다. 그 준비 운동이란 다른 것이 아니라 서로 마음의 문을 여는 것입니다.

만일 같은 자리에 참석한 사람들끼리 마음을 열지 못하면 어떻게 될까요? 말하는 사람 따로, 듣는 사람 따로, 분위기가 바로 가라앉아 버립니다. 그렇다면 마음의 문을 열려면 어떻게 해야 할까요?

이 준비 운동에도 여러 도구가 있습니다. 본격적인 토론과 발표를 시작하기 전에 가볍게 넌센스 퀴즈도 좋습니다. 또는 따끈따끈한 유머도 괜찮고요. 그런가

하면 최근에 이슈가 되고 있는 시사 내용도 좋고 회사와 자신의 굿 뉴스를 나누는 일 등 서로 웃을 수 있고 함께 공유할 수 있는 여러 도구를 사용하면 됩니다. 이렇게 다양하게 노력하다 보면 마음의 문을 여는 일도 어렵지만은 않다는 점을 꼭 기억해야 합니다.

원칙 2 : 책의 본질에 충실하자

때때로 독서 토론을 가보면 책을 겉핥기로 읽고 난 뒤 곧바로 발표를 진행하는 경우가 있습니다. 하지만 그 책이 전하는 메시지가 무엇인지 스스로 충분히 숙고해 보지 않은 상태에서 발표를 하는 것은 기본적으로 예의가 아닐 뿐더러 결코 생산적인 발표가 될 수 없습니다.

그 자리에 참여한 모든 구성원들이 그러하겠지만, 그 중에서도 발표자는 우선 충분히 책의 내용을 숙지해야 합니다. 저자가 전하는 메시지와 내가 느끼는 메시지를 분명히 알아야만 스피치에도 힘이 실리고 나머지 구성원들의 집중력을 높일 수 있습니다.

원칙 3 : 내용을 충분히 씹으면서 읽자

책은 단순히 눈으로 읽는 것이 아닙니다. 독서는 가슴으로 저자와 만나는 일입니다. 작가의 가슴과 내 가슴이 하나가 되려면 반드시 몰입이라는 도구가 필요합니다. 저자의 가슴 속 메시지에 완전히 나를 던져 넣으십시오. 그래야만 저자의 목소리가 메아리처럼 귓전에 울리고 가슴 속 깊이 스며들 수 있습니다.

즉 음식을 씹을 때 충분히 씹으라고 하는 것처럼 책도 읽을 때 문장 문장을 곱

씹으면서 읽어야 합니다.

원칙 4 : 어떻게 적용했는가?

책 읽기는 첫 책장을 넘길 때가 중요합니다. 열정과 몰입으로 자신을 책 속으로

풍덩 던져 넣어야 합니다. 또한 책 읽기는 마지막 책갈피를 모두 넘기고 난 뒤

에도 중요합니다. 아니, 오히려 읽고 난 다음이 더 중요할 수도 있겠군요.

한 예로 책을 다 읽었는데도 가슴으로 전해지는 느낌이 없다면 그것은 책을 읽

은 것이 아니라 시간 낭비를 한 것이지요. 그렇게 아무 느낌이 없다면 삶에, 나

아가 업무에 읽은 것을 적용하기가 어려워집니다. 따라서 한 권의 책을 읽었다

면 반드시 그것을 내 삶에 어떻게 적용할지를 고민한 뒤, 토론을 통해서 다른

이들과 공유해야 합니다.

원칙 5 : 메아리는 길게 남겨라

그 책을 읽기 전의 내 모습과 읽고 난 후의 내 모습은 어떻게 다른가요? 책을 읽

고 난 뒤에는 자기 가슴에 느낌표를 찍을 만한 무언가를 얻었다는 느낌이 들어

야 합니다. 내가 먼저 감동하면서 이야기해야만 듣는 사람도 그 이야기를 통해

감동을 느낄 수 있습니다. 책장을 덮었는데 내 삶에 작은 변화를 가져다 준 이

책이 너무 고맙고 감사하다는 느낌이 들었다면 그 읽기는 성공한 것과 다름없습니다.

맛있는 독서토론의 5가지 원칙

원칙 1 : 토론은 자유로워야 한다

모든 일이 그렇습니다. 때로는 형식이 중요할 때도 있지요. 하지만 사실 무엇이건 형식보다는 내용이 중요합니다.

나아가 창의적인 아이디어는 자유로움 속에서 나옵니다. 웃고 떠들고 환호하고 박수 치는 분위기에서 마음의 문이 열립니다. 책에 있는 내용도 좋고, 없는 내용도 좋습니다. 그 자리에 어울리고 서로의 생각을 보여줄 수 있는 주제라면 얼마든지 토론하십시오. 토론은 결말을 위해서라기보다는 오히려 과정을 위한 것이라는 점을 염두에 두셔야 합니다.

원칙 2 : 주고받는 탁구공이 되어라

가장 재미있는 독서토론은 탁구공이 왔다 갔다 하듯이 서로 생각과 마음을 주고받는 일입니다. 이렇게 생각을 나누면 창의적인 아이디어가 나옵니다.

원칙 3 : 추임새의 달인이 되어라

발표하는 사람은 내용에 충실해야 하고 듣는 사람은 경청에 충실해야 합니다. 그렇다면 경청에 충실하다는 것은 무엇일까요? 바로 피드백입니다. 상대의 말에 반응과 추임새를 넣어주는 것입니다. "그랬군요.", "맞아요.", "바로 그거였어요.", "몰랐는데 그럴 수 있겠군요." 이런 추임새들이 토론에 활력을 불어넣어 줍니다. 함께 맞장구 치고 고개를 끄덕여야 합니다.

원칙 4 : 박수로 발표자를 춤추게 하라

우리나라 사람들은 박수에 인색합니다. 작은 아이디어, 작은 감동에도 아낌없는 박수를 보내야 발표하는 사람도 힘이 납니다. 중간 중간 펼쳐지는 신나는 박수는 발표자에게 가장 큰 에너지가 됩니다. 박수를 쳐서 발표자를 춤추게 하십시오. 최고의 찬사를 아낌없이 전해 주어야 합니다.

원칙 5 : 기록으로 남기자

글은 말보다 힘이 셉니다. 글은 말보다 뒷모습이 아름답기 때문이지요. 책갈피에서 전해져 오는 아이디어는 하나의 선물과 같습니다. 섬광처럼 스쳐 지나가는 영감은 기록하지 않으면 공기와 같아서 손가락 사이로 금방 빠져나가 버립니다. 그리고 다시는 돌아오지 않습니다. 때문에 책이 전하는 메시지는 기록으로 남길 때만이 비로소 진정한 나의 것이 됩니다.

예전에 읽었던 책을 만나는 일은 옛 친구를 만나는 일이요, 새 책을 만나는 일은 새 친구를 만나는 일과 같습니다. 친구를 만나듯이 책을 만나보세요. 오래된 책에서는 옛정이 흐르고 새 책에서는 새로운 정이 흐릅니다. 그 수많은 책갈피들에서 운명이 바뀌는 소리가 들려옵니다. 좋은 책은 비료가 되고 거름이 됩니다. 그 자체로 꿈을 이루는 자양분이 됩니다. 이제 기업에서도 기계 소리뿐만 아니라 곳곳에 책 읽는 소리가 함께 들려오기를 희망합니다.

성공하는 기업들의 화끈한 독서 경영

01

책과 연애를 걸다 - 독서중독에 빠져라

머리에서 번쩍 일어나는 한 순간의 스파크를 흔히 영감이라고 부릅니다. 제게 있어 영감이라는 것은 하나의 선물이자 마법과 운명의 시간을 의미합니다. "아하, 이걸 하자!" 하는 강렬한 깨달음이 다가오기 때문이지요.

처음 독서경영을 시작할 때도 그랬습니다. 이걸 하겠다고 결심한 순간 "이것이야말로 내가 열어갈 인생 2막의 전부다!" 라는 생각이 들었지요. 그리고 이런 생각이 들자마자 무섭게 컴퓨터를 켜고 검색창에 '독서경영' 이라는 말을 검색어로 넣어보았습니다. 마침 독서경영과 관련된 책들이 몇 권 있더군요. 정말이지 너무 반가웠습니다. 서점으로 곧장 달려가서 그 책들을 구입해서 낱낱이 구석구석 읽고

또 읽었습니다.

그렇게 읽고 나자 어느 정도 틀은 잡히는 듯했으나 그 방대한 내용들 속에도 구체적으로 독서경영을 어떻게 해야 할지를 뚜렷하게 보여주는 답안지는 없었습니다.

그때부터 진짜 고민이 시작되었습니다. 그 무렵 제 안테나는 우주송신탑 가장 높은 곳까지 온통 독서경영으로 세워져 있었습니다. 그날부터 저는 매스컴과 신문·언론·방송 모든 매체를 통해 나만의 안테나에 정보가 걸려들기를 기대했습니다. 그렇게 제 안테나는 24시간 쉬지 않고 가동되었지요.

그렇게 뜻이 있는 곳에 길이 있게 마련입니다. 드디어 안테나에 무언가가 걸려들었습니다. 바로 독서경영 컨퍼런스 행사였습니다. 저는 만사를 제치고 그곳으로 달려갔습니다. 부산에서 비행기를 타고 서울로 향하는데 마치 어린아이가 소풍 가는 듯한 설렘으로 가슴이 쿵쾅거렸습니다. 하늘을 날고 있는 것은 비행기뿐만이 아니었습니다. 내 꿈도 함께 날고 있었지요. 세미나 장에는 많은 사람들이 새로운 정보를 듣기 위해 빼곡히 앉아 있었습니다.

하지만 기대가 크면 실망이 크다는 말이 있지요? 무언가 한몫 챙길 기세로 들어서서 한 마디라도 놓칠세라 숨죽이며 들었고, 듣고 있는 내내 가슴이 뛰었습니다.

그러나 1교시가 지나고 2교시가 지나면서 시간이 흐를수록 실망스러웠습니다. 억지로 책을 읽고 독후감과 리포트를 제출해야 하는 독서경영, 의무감 때문에 오히려 스트레스를 느껴야 하는 독서는 행복할 수 없다는 생각이 들었습니다. 고민을 해결하러 왔다가 오히려 고민만 하나 더 생겨버렸습니다.

세미나가 끝나자 기대에 부풀었던 가슴은 알 수 없는 허탈감으로 가득 찼습니다. 마치 첫 선을 보러 갔다가 상대 남자가 영 아니라서 실망하고 돌아가는 것처럼 쓸쓸한 발걸음이었습니다. 그날 밤 집으로 돌아온 저는 잠을 이룰 수가 없었습니다. 어느 날처럼 따뜻한 물에 몸을 담그고 눈을 감고 있자니 낮에 있었던 일들이 떠올랐습니다. 그리고 '이건 아닌데' 생각하다가 '그럼 뭐가 진짜일까?' 고민을 시작했습니다.

그러다가 문득 그런 생각이 들었습니다. '그래, 기존의 것이 마음에 들지 않으면 내가 하자, 내가 만들면 되잖아.' 하는 생각이었습니다. 진짜 독서경영을 누구도 아닌 내가 하면 된다고 다짐했습니다. 그날 저는 목욕탕 반신욕을 하다 말고 메모지와 펜을 가져왔습니다. 그리고 이렇게 적었습니다.

"유혹하는 책읽기"

책을 읽고 싶도록 유혹하는 독서경영, 그로 인해 읽는 사람의 삶과 사업에 지속적인 성장을 도와주는 강력한 경쟁력, 저는 이것이 진짜 독서경영이라고 정의를 내렸습니다. 읽기 싫은 책을 억지로 읽고 스트레스를 받는 것이 아니라 읽고 싶은 책을 스스로 읽고 행복해지는 것, 이것이 진짜 독서경영이었습니다. 마치 제가 과거에 17년 동안 책을 읽고 황홀해졌던 것처럼 말입니다. 그리고 이런 생각과 고민의 과정을 탄생된 것이 바로 '다이애나 홍의 독서경영' 이었습니다.

유혹해 보신 적이 있으십니까? 아니면 유혹에 끌려보신 적은 있으십니까? 유혹은 하는 사람도 받는 사람도 모두 출렁이는 가슴을 어찌지 못하게 만듭니다. "마음을 흔들어 놓지 못하면 모든 것이 가짜" 라는 말이 있듯이 진정한 유혹은 가슴을 뒤흔드는 것이어야 합니다.

저는 한가한 시간이 찾아오면 무작정 서점을 찾습니다. 자투리 시간에 하는 서점 나들이는 제게는 이미 오래된 습관입니다. 서점에 들어서면 형형색색 책들이 서로 나를 좀 봐달라고 유혹합니다. 한 권씩 차근차근 그들의 유혹에 가슴을 내줍니다. 참 편안하고 행복한 시간이지요. 특히 새로 나온 신간 서적일수록 유혹도 강합니다. 언제나 따끈따끈한 책들이 나를 기다리고 있지요. 마치 사랑하는 연인을 만나듯이 신간서적들을 한 권 한 권 어루만져 봅니다.

이 책이 나오기까지 저자는 얼마나 힘든 시간을 보냈을까. 소쩍새가 몇 번이나 울었을 테고, 계절이 몇 번이나 바뀌었을 테고, 커피를 수십 잔이나 마셔야 했겠지요. 지우고 다시 쓰고, 버리고 다시 쓰고, 읽고 또 읽고, 쓰고 또 쓰고, 그렇게 많은 시간 속에 자신의 삶이 숙성되어 잉태되어 마침내 아이가 태어나듯 이 한 권의 책이 완성되었을 것입니다.

우리는 하루에도 몇 번 번씩이나 유혹에 흔들립니다. 술잔의 유혹에 흔들리고, 지금 할 일을 내일로 미루기에 흔들리고, 화가 나서 막 내뱉는 부정적인 말에 흔들리고, 흔들리고 흔들리면서 아슬아슬하게 살아갑니다.

그러나 그중에 마음 놓고 흔들려도 되는 것은 딱 한 가지입니다. 바로 책 읽기입니다. 매혹적인 책이 보내는 유혹은 하나의 축복입니다. 충분히 그 유혹에 흔들리십시오. 머리와 가슴을 온통 내주고 영혼까지 맡겨 보세요.

그러면 행복해집니다. 사랑하는 사람과 키스를 하면 면역력이 강해진다고 하지요. 사랑하는 책과 만나는 일도 마찬가지입니다. 가슴에서 사랑의 다이돌핀이 연기처럼 피어납니다.

엔돌핀의 4000배 되는 이 기적의 호르몬이 온몸을 감싸줍니다. 몸에 숨어 있던 각종 악성 세포들이 도망치듯 달아나고 나쁜 세포를 몰아내는 기적의 호르몬이 온몸 구석구석을 타고 흐릅니다. 일종의 카타르시스라고 할까요?

운동을 하고 난 뒤 시원하게 땀을 흘렸을 때, 아름다운 영화를 보고 감동을 받았을 때, 사랑하고 싶은 사람에게서 고백을 받았을 때, 꼭 이루고 싶은 꿈을 이루었을 때, 어려운 친구에게 선을 베풀었을 때, 그리고 좋은 책을 만났을 때, 우리는 한결같이 최고로 행복한 삶의 주인공이 됩니다.

삶은 축제라고 했지만 날마다 축제일 수 없습니다. 그 축제의 시간을 위해서는 수많은 고독과 외로움에 떨어야 합니다. 나의 5년 후의 삶을 보고 싶으면 지금 내가 읽고 있는 책, 내가 만나고 있는 사람들을 살펴보라고 했습니다. 삶이 외롭다고 아무것으로나 그 빈 공간을 채울 수는 없습니다. 진정으로 가슴을 어루만져 주는 것은 무엇일까요? 진실한 친구가 있다면 더 없이 좋겠군요. 그러나 그 친구도 내가 잘나갈 때 이야기입니다. 세상에는 세 종류의 친구가 있습니다.

첫째, 꽃과 같은 친구입니다

이런 친구들은 꽃이 활짝 피었을 때 함께 놀자고 유혹하고 또 잘 놀아줍니다. 하지만 꽃이 지면 다 떠나갑니다. 내 사업이 잘되고 내가 잘나갈 때는 함께 놀자고 유혹하고 잘 놀아주지만, 실패하고 인생 바닥으로 추락하면 다 떠나갑니다. 이런 친구들은 주위에 얼마든지 있습니다.

둘째, 산과 같은 친구입니다

산은 항상 그 자태 그대로입니다. 이런 친구들은 그저 바라봐주는 친구이지요. 내가 잘되면 잘되는 대로 실패하면 실패하는 대로 항상 곁에 있어줍니다.

셋째, 땅과 같은 친구입니다

새싹이 잘 자라도록 거름이 되어주고 비료가 되어주는 친구입니다. 때로는 햇살이 되어주고 기운이 되어줌으로써, 나로 하여금 무성한 열매를 맺게 하는 친구이지요. 이 땅과 같은 친구를 많이 갖고 있다면 성공한 인생입니다.

귀하는 지금 어떤 친구로 남고 싶습니까? 어떤 친구들과 어울리고 있습니까?

제겐 이 땅과 같은 친구가 바로 책이었습니다. 항상 거름과 비료가

되어주는 이 책이 고마워서 반했고, 사랑하게 되었습니다. 책갈피에서 피어나는 사랑에는 질투도 없습니다. 무엇에도 방해 받지 않는 사랑이지요. 그래서 깊이깊이 빠졌습니다. 그렇게 책과 연애를 하니 헤어짐의 고통도 없었습니다. 내 방식대로 사랑하니 상대가 나를 괴롭히는 일도 없었습니다. 그야말로 프로의 사랑이었지요. 무조건 주고 또 주는 사랑, 그런 사랑으로 책과 연애를 하게 됐습니다. 혼자 있는 시간에 귀하는 무엇을 하는지요?

활자 중독증은 아무리 걸려도 좋은 중독입니다. 운동 부족보다는 운동 중독이 좋듯이, 독서 부족보다 독서 중독이 좋습니다. 독서 인생 10여 년을 살면 책만 보면 습관적으로 눈이 가고 가슴이 열립니다.

우리들은 외로움을 사람으로 채우려고 합니다. 저도 그랬습니다. 처음에는 달콤하지만 그 끝은 칼날처럼 아픕니다. 사랑이 끝난 자리는 상처가 남지만 책 사랑의 끝에서는 꿈이 피어납니다. 권태기도 없고 싫증도 없는 영원한 연애 걸기, 책과 연애를 해보세요. 모든 글귀가 짜릿짜릿한 오르가즘입니다.

02

스크린 독서 vs 현미경 독서 - 자투리 시간을 활용한다

요즘 우리 현실을 대변하는 말들이 있다면, "바쁘다 바빠, 정신없네, 시간이 없어서, 지금 당장, 빨리빨리"일 것입니다. 참으로 정신없이 돌아가는 세상입니다. 일주일이 금방이요 한 달이 금새가고 어영부영 한 세월이 다 가버립니다. 눈 뜨면 출근하기 바쁘고, 출근하면 책상 위에 잔뜩 밀려 있는 업무, 거래처 고객 관리에 하루 해가 짧습니다. 늦은 밤 퇴근 길 친구 만나랴 모임 가랴 회사 회식이다 뭐다 해서 결코 만만치 않은 현실이지요.

이런 상황에 여유 있게 책이나 읽고 있을 시간이 얼마나 될까요? 피로에 지친 몸으로 귀가하면 집안 대소사를 비롯해 가족과 대화 시간도 부족한 것이 현실입니다.

어쩌다 일찍 귀가하는 날은 중독처럼 9시 뉴스는 꼭 봐야 하고 어쩌다 보니 잠들 시간, 이런 상황에 책읽기는 결코 쉽지 않습니다. 보다 효율적인 독서를 하려면 어떻게 해야 할까요?

바로 스크린 독서와 현미경 독서를 하는 것입니다.

┃ 어떻게?

쉽습니다.

그냥 한 페이지를 스크린을 보듯 한 눈에 넣어 보십시오. 불가능하다구요? 맞습니다. 불가능합니다. 그렇게 보다가는 한 권을 다 읽고 난 후에 남는 것이 아무것도 없습니다.

하지만 진정한 독서광들은 충분히 가능하지요. 책을 많이 읽다가 보면 내용이 중복되는 것이 너무 많습니다.

지난 번 책에서 봤던 내용, 이미 알고 있는 내용이 중복되는 경우가 많습니다. 특히 독서량이 많은 사람일수록 반복된 내용이 많다는 것을 금방 감지하게 됩니다.

책은 대부분 성공한 사람들의 사례로 이루어진 경우가 많습니다. 책마다 단골손님으로 나오는 사람들, 스티브 잡스, 빌 게이츠, 앨빈 토플러, 피터 드러커, 오프라 윈프리, 링컨, 나폴레옹, 고노스케, 나가모리, 이즈노미, 세종대왕, 정약용, 이순신, 정주영, 이건희 등등. 이렇다 보니 그 내용이 그 내용인 경우가 대부분입니다.

수많은 경영서적을 읽은 사람은 웬만한 철학이 담긴 책이 아니면 실망하게 되고, 자기계발서 역시 색깔이 분명치 않으면 금방 책장을 덮어버립니다. 그러니 시간과 혼을 들여 읽고 싶은 책을 찾는 것은 결코 쉬운 일이 아닙니다.

그렇다면 스크린 독서는 어떻게 할까요? 바로 아는 내용은 스크린으로 한 페이지를 한 눈으로 읽어 내는 것입니다. 그래도 내용은 충분히 이해가 됩니다.

제가 독서코칭을 2년 6개월 정도 한 포스코 ICT 광양 사업부 이승주 상무님께서 이 독서법을 하고 계시더군요. 한 달에 8권 정도 읽는데 독서 수준이 참으로 전문가를 무색케 합니다.

얼마 전 회사에 독서 골든벨 행사에서 그는 말하더군요. "원장님 이제 경영·경제 도서는 웬만해서 느낌이 안 옵니다. 거의 반복된 내용이 많아서 이제는 인문서적과 철학, 역사책을 읽으려 합니다."

"야아. 정말 멋지세요. 저도 그랬어요. 처음에 목숨처럼 경영·경제 서적에 집중해서 읽었지요. 많이 읽다보니 중복되는 내용이 많지요?"

"그러게요. 자기계발서적도 3년째 읽다보니 이제 책 읽는 속도가 많이 빨라졌습니다."

"멋져요, 은퇴하시면 독서경영 전문가로 나서도 되겠어요. ㅎㅎ"

이처럼 독서량이 많으면 충분히 스크린 독서가 가능합니다.

▌그렇다면 현미경 독서는 무엇일까요?

지금까지 보지 못한 책, 새로운 분야의 책, 신비로운 책, 휙 하니 느낌을 주는 책, 이런 종류의 책은 바로 스크린에서 현미경으로 눈동자의 창이 바뀝니다. 이런 책은 현미경으로 자세히 바닥까지, 뼛속까지 보는 정확하고 예리한 눈으로 읽어야 합니다. 유의할 것은 눈으로 읽는 것이 아니라 가슴으로 읽어야 합니다.

저자의 가슴과 내 가슴이 만나는 순간이지요. 저는 최근 나온 필립 코틀러의 『퍼스널 마케팅』『마켓 3.0』이란 책을 처음부터 끝까지 현미경 독서로 마무리했습니다. 메마른 사막에 오아시스 같은 책들이지요. 브랜드를 만들고 스토리를 만들어서 세련되게 업데이트하라는 문장에서 많은 고민을 하게 됐습니다. '어떻게 브랜드를 만들까?

어떤 스토리를 담을까? 어떻게 세련되게 업데이트 할 것인가? 어떻게 하면 고객의 영혼을 흔들어 놓을 것인가?' 너무 좋은 고민을 안 겨주었습니다. 읽고 또 읽고 싶은 마법의 책입니다. 덕분에 5번을 반 복해서 읽었고, 그 질문에 답을 찾으면서 저는 성장했습니다.

▎현미경 독서를 하면 미래가 보입니다

같은 책도 그 사람의 독서량에 따라 전해지는 느낌이 다 다릅니다. 어떤 이는 아무 느낌도 없다고 실망하고 어떤 이는 스파크가 일어나 는 진한 감동을 받습니다.

이 차이는 그 사람의 내공의 차이입니다. 스크린 독서는 책에 대한 내공이 깊은 사람은 참 쉽습니다. 하지만 책읽기를 처음 시작하는 분 은 스크린 독서가 정말 위험합니다. 현미경독서로 천천히 조금씩 읽 어가야 실수가 없습니다.

무엇보다도 진정한 독서광은 마지막 책장을 덮고 실천하는 사람이 지요.

스트레스가 몰려오면 어떻게 하시는지요? 이럴 때 술잔 잡고 넘어 지면 몸이 상하지만 책을 잡고 넘어지면 영혼이 맑아집니다. 책을 많

이 읽은 분들과 대화를 해보면 느낌이 다릅니다. 입 밖으로 흘러나오는 한마디 한마디에 그 내공이 묻어납니다.

그런데 왜 사람들은 책읽기를 즐기지 않을까요? 이유는 다른 게 아닙니다. 그저 재미가 없기 때문입니다. 억지로 읽어야 한다는 부담감 때문에 오히려 책읽기가 스트레스가 되는 것입니다.

재미없는 책은 과감히 던져버리세요. 음식도 정말 먹고 싶은 것을 먹으면 맛있습니다. 책도 마찬가지입니다.

세상에서 가장 좋은 책은 바로 '내가 재미있는 책'입니다 내가 읽고 싶은 책, 느낌이 오는 책, 읽으면 심장이 뛰는 책, 그런 운명의 책을 만나야 합니다. 즉 운명의 책을 만나는 것이 독서경영의 첫 번째 고개입니다. 이 고개를 넘어야만 책갈피에서 운명이 바뀌는 소리를 들을 수 있게 됩니다.

나아가 우리나라 독서량은 선진국에 비해 훨씬 적습니다. 왜일까요? 대한민국 사람들은 너무 바쁩니다. 세상에서 가장 무서운 병이 바로 이 '시간 없다' 병입니다.

그러나 사실은 시간이 없는 것이 아니라 마음이 없는 것이지요. 또한 책을 안 읽으니 효율적인 지름길을 알지 못하고, 그러니 더 바쁠

수밖에 없습니다.

저는 한 달에 60~70권의 책을 읽습니다. 하루 2시간, 그것도 자투리 시간을 이용해서 읽습니다. 어떻게 가능하냐고 묻는 분들이 많으시지만 충분히 가능합니다.

바로 저만의 DH 독서법이 있기 때문입니다. 누구나 이 독서법으로 하루 한 시간만 투자하면 휴일에는 쉬어도 한 달에 20권은 읽을 수 있습니다. 작년에 출판했던 『책 읽기의 즐거움』에 소개한 DH 독서법을 부록에서 참고해 주세요.

03

내 꿈을 키우는 성공일기 - 적으면 이루어진다

다카하라 게이치로는 『현장이 답이다』라는 책에서 세상에서 가장 훌륭한 교사는 '현장' 이라고 말했습니다. 그는 인생을 살면서 답을 찾지 못해서 방황할 때면 늘 현장으로 돌아왔습니다. 바로 그곳에 자신이 바라는 답이 있다고 생각했기 때문입니다.

그렇게 그가 45년간 메모한 '현장 노트' 는 그의 회사를 3000만 원의 자본금으로 매출액 2조 원이 넘는 아시아 최고 위생용품 회사로 성장시킨 핵심 동력이 되었습니다. 그에게 현장 노트는 그 자신을 이루는 '피와 살' 과 같았습니다. 무려 700권에 달하는 그 현장노트가 그를 일본 경단련 부의장 자리에 올려놓았고 도쿄대학, 와세다대학 등에 출강해 미래의 CEO들에게 비즈니스의 노하우를 가르칠 수 있도록 했습니다.

3년 동안 일기를 쓴 사람은 '무언가를 할 사람' 이며, 10년 동안 일기를 쓴 사람은 '무언가를 해낸 사람' 이라는 말이 실감나는 순간입니다. 평생 일하는 사람으로 남고 싶었던 그는 '평생 공부', '평생 청춘', '평생 위기감', '평생 감동' 을 실천해서 80세가 넘어도, 90세가 넘어도 윤기 나는 삶을 살고 싶다고 했습니다.

이 이야기를 들으면 삶의 열정에는 마침표가 없다는 것을 알게 됩니다. 요즘 혹시 힘든 시기를 맞고 있지는 않으신지요? 비즈니스 성과의 압박으로 잠 못 이루고 계시지는 않은지요? 그런 시기일수록 불꽃같은 열정을 피워 올려야 합니다. 그러면 머지않아 역풍이 순풍으로 불어오기 시작합니다.

저도 한때 사람들에게 슬픔을 들키지 않으려고 애써 웃으면서 산 적이 있었습니다. 행복한 척하다가도 가끔 혼자가 되어 집으로 돌아오는 길이면 참았던 눈물이 조용히 볼을 타고 흐르곤 했습니다. 항상 맑은 표정을 지어야 한다는 다짐 때문에 누군가가 응원해 주었으면 하는 간절한 바람이 있어도 "나 좀 위로해줘." 라고 말하지 않았습니다. 마지막 하나 남은 자존심 때문이었을까요.

때로는 행복하게 보이려고 애쓰는 제 모습이 측은하기도 했습니다. 그러나 책을 이야기하는 강의가 시작되면 신기한 일이 일어났습

니다. 마법에 걸린 사람처럼 책 속의 에너지가 혈관을 구석구석 타고 흐르면서 눈동자가 빛나기 시작했습니다. 신기하게도 예전의 읽었던 책 속의 메아리들이 내 가슴을 흔들고 입술을 부지런히 움직이게 했지요. 신들린 사람처럼 한바탕 춤사위를 펼치고 누구나 책을 읽고 싶도록 유혹하는 강의를 풀어가기 시작했습니다. 사람들은 도깨비에 홀린 사람처럼 시선을 제 입술에 멈추었고, 온전히 저를 향해 가슴을 열어주었습니다. 정말 신기하고 감사한 일이었습니다.

지금도 저는 강의를 더없이 소중히 여깁니다. 책 또한 가슴과 가슴의 만남이듯이, 강의 또한 강사와 청강생 사이에서 벌어지는 가슴과 가슴의 소통입니다. 강의를 하는 저는 마치 오케스트라의 지휘자처럼 저만의 책 세계를 지휘봉에 담습니다. 그 지휘봉을 따라 미국으로, 유럽으로, 아시아로, 다시 가정으로, 기업으로 독서향기를 전하며 우주를 한 바퀴 돌고, 다시 강의장으로 돌아옵니다.

참으로 신기한 일입니다. 책으로 지구를 여행하고 미래를 여행하고 내 꿈을 여행하고 있었습니다. 스스로 생각해도 놀라운 일이었습니다. 그렇다면 이것은 제가 강의를 잘해서일까요? 결코 아닙니다. 그것은 바로 독서의 힘이었습니다. 그 대단한 독서의 힘이 우주를 몇 바퀴나 돌고 돌아도 남을 만큼의 에너지를 제게 선물한 것입니다.

그런데 이렇게 강의를 마치고 집으로 돌아오면 제가 습관처럼 하는 일이 있었습니다. 바로 성공일기를 적는 것입니다. 때로는 벅찬 가슴으로 때로는 아픈 가슴으로, 계획대로 강의가 잘 되면 스스로 홈런이라고 표현하고, 이게 아닌데 생각되면 많이 반성을 하곤 했습니다. 그 성공일기는 제게 성취의 기쁨은 10배를 더해 주었고 실패의 아픔은 3분의 1로 줄여주는 마법의 손길과 같았습니다.

적고 나면 후련합니다. 마치 슬픈 영화를 보면서 눈물을 흘리고 나면 마음이 개운한 것처럼 가슴이 시키는 대로 손가락은 컴퓨터 자판을 두드립니다. 그렇게 부지런히 손가락을 움직이다보면 어느새 어지럽던 생각들이 정리되고 안정을 찾게 됩니다.

이렇게 성공일기를 적기 시작한 지 벌써 10여 년의 세월이 흘렀습니다. 그저 마음 울적하고 고독할 때 그 마음을 달랠 길 없어 적기 시작했던 것이 이제는 놀랍게도 제게 아주 큰 선물을 주었습니다.

첫째, 같은 실패를 반복하지 않도록 도와주었습니다. 둘째, 그 실패를 통해 새로운 도약을 할 수 있는 응원의 메아리를 제공했습니다. 그 여운이 새로운 에너지를 주고 있는 덕에 점점 발전해가는 나 자신을 발견할 수 있었습니다. 이렇게 작은 성공이 많이 성취되니 그것들

이 모여 큰 성공이 되었습니다. 이보다 더 큰 선물이 어디 있을까요?

   실제로 읽는 것을 넘어 무언가를 종이 위에 적는 일은 참으로 신비로운 힘이 있습니다. 하버드 졸업생 중에 누가 봐도 성공한 사람들은 3% 정도라고 합니다. 그런데 그 성공한 사람들에게는 하나의 공통점이 있었습니다. 모두가 자신의 꿈을 종이 위에 적었다는 점입니다. 그렇다면 성공일기는 어떻게 적어야 할까요?

   너무 어렵게 생각할 것은 없습니다. 그러면 시작하기가 쉽지 않아집니다. 일단은 그냥 쓰면 됩니다. 처음부터 좋은 미사여구를 섞어 잘 써보겠다는 욕심은 버려야 합니다. 가장 중요한 것은 내 마음을 고스란히 표현하는 것입니다. 가슴이 시키는 대로 써내려가야 합니다. 문장법이나 아름다운 표현에 연연하지 않는 순수한 내 마음의 글이 가장 좋은 글입니다. 제 경우는 다음의 3가지에 충실했습니다.

하나, 솔직하게 적습니다

   가슴에 메아리치는 것을 그대로 적어 보세요. 내 마음이 시키는 대로 써내려 가십시오. 가슴이 달구어져야 좋은 글이 나옵니다. 나도 모르게 아이디어가 나오고 좋은 문장이 나옵니다. 내 가슴에서 나만의 작은 우주가 만들어져 별이 뜨고 달이 뜹니다.

둘, 성취한 사건에 충실해야 합니다

넘치는 감동을 주체할 수 없는 그 마음을 그대로 담아 보세요. 이 작은 성공의 열매가 나를 더욱 재도약하게 합니다. 다만 여기서 무엇보다도 중요한 것은 더 낮은 자세를 갖추어 겸손을 배우는 일입니다. 글을 통해 성취의 술에 취해 교만해지지 않도록 마음을 단련하는 것이지요. 성취의 술에 취하는 것은 매우 위험한 일입니다. 지금껏 저는 샴페인을 지나치게 빨리 터트리는 바람에 영원히 실패의 골짜기로 떨어지는 사람들을 적지 않게 보아왔습니다. 그런 이들을 보면 너무 안타깝습니다. 늘 처음처럼, 첫 마음 첫 느낌으로 더 낮은 자세로 정진해야 한다는 것을 성공일기를 통해 배웠다면, 아마 그들의 미래도 달랐을 것입니다.

셋, 실패를 인정해야 합니다

우리에게는 누구나 마음을 안타깝게 만드는 실패담이 있습니다. 이것을 숨기지 않고 그대로 적어보세요. 가슴이 어리고 갈기갈기 찢어질 만큼 아프겠지만 그래도 그 마음을 그대로 글로 표현해 보십시오. 그러면 왜 그때 내가 실패했는지가 보일 것입니다. 무엇이 잘못되었는지 깨달음의 느낌표를 찍게 될 것입니다. 누군가 보면 얼마나 창피할까 하는 걱정은 하지 않으셔도 됩니다. 이 성공일기는 오직 나

를 위해 존재하는 것이기 때문입니다.

넷, 나만의 각오를 담아보세요

성공일기의 마지막은 새로운 각오가 들어가야 합니다. 그렇게 종이 위에 적어내리는 다짐은 실로 무서운 힘이 있습니다. 몇 년이 지나고 그때 적은 성공일기를 보면 신기하게도 그대로 이루어져 있음을 발견할 수 있습니다. 이론으로는 설명하기 힘든 놀라운 일이지요.

우리 역사 속에 존재하는 많은 영웅들, 그리고 많은 성공한 사람들은 그들이 간절히 원하는 것을 종이 위에 적었습니다. 놀라운 것은 그 기록의 힘이 기적을 불러온다는 점입니다. 요즘 들어 저는 몇 년전에 적었던 성공일기를 보면서 가끔 너무 놀랍니다. 그 시절에 정말 간절히 원했던 염원들이 지금 현실 속에서 하나씩 만들어져가고 있기 때문입니다.

성공일기라고 해서 꼭 성취한 사건만을 적을 필요는 없습니다. 어떤 글이라도 좋습니다. 미래의 모습을 담은 미래일기도 좋고, 새로운 일을 시작하는 데 필요한 고민도 좋습니다. 무작정 적어보는 습관이 중요합니다. 그렇게 마음의 메아리를 글로 적어보세요. 그 글들이 소리 없이 세월의 흐름을 타고 숙성됩니다. 그리고 그것들이 완전히 숙

성되어 발효될 때 비로소 내 삶도 잘 숙성되어 마침내 내가 원하는
모습으로 발효됩니다.

　작은 성공들이 모이면 최고의 삶이 됩니다. 이렇게 만들어진 삶은
눈부신 것입니다. 귀하의 성공일기에는 어떤 스토리를 담으시겠습
니까?

04

독서여행을 떠나자 - 몸과 정신의 균형을 잡아라

여행은 생각만 해도 가슴 설레는 일입니다. 대부분의 사람들은 너무 바쁜 일상에서 정신없이 하루하루를 보냅니다. 때로는 헷갈리고 때로는 깜박 잊고 무언가에 쫓기듯 하루하루를 살아갑니다. 하지만 자동차도 쉬지 않고 달리면 엔진에 무리가 오듯이 우리네 삶도 쉬지 않고 앞만 보고 달리면 건강과 정신 모두에 무리가 오게 됩니다. 즉 지치지 않고 오래 가려면 때로는 삶에 쉼표를 찍어가면서 쉬엄쉬엄 가야 합니다. 지나온 나와 현재의 나, 미래의 나를 만나는 귀한 시간을 자주 가져야 합니다. 그것을 할 수 있는 가장 좋은 방편 두 가지가 바로 책을 읽는 것 그리고 여행입니다.

그렇다면 이 두 가지가 모두 합쳐진, 책을 읽고 여행하는 독서 여행은 얼마나 좋을까요? 책과 여행이라는 두 가지 테마가 합쳐졌으니 더 훌륭한 삶의 쉼표라는 생각이 듭니다. 홀로 하는 여행은 고독해서 좋고, 함께 하는 여행은 더불어서 좋습니다. 거기에 책과 함께 하는 여행이라면 그 행복도 두 배가 됩니다. 좋은 책, 좋은 사람들이 함께 하는 독서 여행이 즐거운 이유입니다.

예를 들어 사람을 느끼고 싶다면 그 사람의 가슴 속으로 걸어 들어가면 됩니다. 가을을 느끼고 싶다면, 가을 속으로 걸어 들어가야 합니다. 책을 느끼고 싶다면 책 속으로 여행을 떠나야 합니다. 그리고 사람, 책, 가을을 함께 느끼려면 가을 독서여행을 떠나면 됩니다.

전경련 IMI, GAMP 독서클럽 사람들과 함께 한 가을 독서여행 때였습니다. 가을 하늘과 황금 들판, 들국화 향기, 바람결에 하늘거리는 갈대들의 속삭임이 마치 고향집 어머니 품 속 같았습니다. 그날 우리는 정약용 선생과 관련된 책을 미리 읽고 갔습니다. 그리고 예정된 장소에 도착해서 주변을 둘러보았습니다. 생생한 현장감이 느껴졌습니다.

그 옛날 다산 정약용 선생은 한순간에 운명이 바뀌는 귀향을 가게 됩니다. 천주교도 탄압 사건으로 18년간 유배생활을 하게 된 것이지요. 남자 나이 40세부터 58세까지라면 얼마나 왕성하게 활동할 나이였겠습니까? 대단히 긴 세월이었습니다. 운명과 역사를 바꾸는 진짜

삶을 살아야 할 그 나이에 유배지에서 귀향 생활을 했다니 그 안타까움을 어찌 다 말할까요?

그러나 그는 참으로 혹독하면서도 귀한 운명의 세월을 보냈습니다. 그의 유배지 생활에는 특별한 철학이 있었습니다. 그가 18년간 500권의 책을 저술할 수 있었던 힘도 바로 거기에서 나온 것이었습니다.

첫째, 그는 고독했습니다. 고독은 인간의 내면을 성장시키는 힘이라고 했지요. 둘째, 그는 혼자 있는 시간을 많이 만들었습니다. 홀로 있는 시간은 마음의 보물인 창작을 할 수 있는 시간입니다. 셋째, 그는 자존심을 굽히지 않았습니다. 아무리 큰 세파가 가슴을 멍들게 해도 굽힐 수 없는 자존심이 있다면 좋은 작품을 만들 수 있습니다.

우리는 그가 홀로 걸었던 사색의 거리를 말없이 걸었습니다. 새소리, 바람소리, 낙엽 뒹구는 소리, 자연의 소리가 마음 언저리에 조용히 내렸습니다. 그 싱그럽고 맑은 소리가 잠든 영혼을 깨웠습니다. 법정스님은 "위대한 자연 앞에서는 침묵할 수 있어야 한다. 인간의 얄팍한 지식으로 논하지 말라. 그래야 자연이 들려주는 귀한 소리를 들을 수 있다."고 말씀하셨습니다. 다산 정약용 선생은 그 자연의 소리에서 진정한 리더의 모습을 그려보았고, 백성들이 행복하게 살 수 있는 나라의 모습을 상상했습니다. 비단 정약용뿐만 아니라 위대한 역사 속의 인물들인 베토벤, 레오나르도 다빈치, 나폴레옹 등은 모두 사색의 시간을 즐겼습니다. 홀로 걸으며 외롭게 보낸 고독한 시간에 거대한 작품과 역사가 잉태된 것이지요.

정약용 선생의 원목(原牧)이 바로 그 자연에서 얻은 사색의 깊이를 잘 말해주고 있습니다.

목민관이 백성을 위해서 있는 것인가,
백성이 목민관을 위해 생긴 것인가?
목민관이 백성을 위하여 있는 것이라(牧爲民有也).

탕론(湯論)에서는 또 이렇게 말했습니다.

· 탕왕(湯王)이 걸(桀)을 추방한 것이 옳은 일인가?
  신하가 임금을 친 것이 옳은 일인가?
· 천자는 여러 사람이 추대해서 만들어진 것이다
  (天子者 衆推之而成者也).
· 옛날에는 아랫사람이 윗사람을 추대했으니
  아랫사람이 윗사람을 추대하는 것이 순(順)이라.

　다산은 『목민심서』 서문에서 군자의 학문은 수신(修身)이 그 절반이요, 나머지 절반은 목민(牧民 : 백성 다스리는 것)이라 했습니다. 『흠흠신서』를 쓰게 된 것도 법의 집행에서 억울한 백성이 나오지 않도록 하기 위함이라고 서문에서 밝히고 있습니다.

　그렇다면 다산은 과연 어떤 공부 방법으로 공부했을까요? 그의 공부법은 특별했습니다.

　첫째, 큰소리로 읽었습니다.
　둘째, 베껴 쓰기인 필사를 했습니다.
　셋째, 암송을 즐겼습니다.

　신중하면서도 굽히지 않는 용기를 가졌던 다산, 중앙과 지방에서 두루 행정 경험을 쌓았던 다산, 장차 명재상이 될 수 있는 모든 면모를 갖추었던 다산, 조선을 새롭게 할 수 있으리라는 기대를 버리지 않았던 다산이었습니다. 그랬던 다산은 먼 귀양길을 떠났음에도 유배지 18년의 세월 속에 새로운 역사를 만들었습니다.

　두 번째로 우리가 만난 옛 선인은 바로 고산 윤선도였습니다. 그는 해남의 대표적인 시조 시인의 일인자였습니다. 독서여행에서 방문한 50만 평을 자랑하는 아름다운 고택은 가히 놀라울 정도였습니다. 그토록 오래전에 그토록 감각 뛰어난 건물을 지었다는 것이 참으로 대단하게 느껴지더군요. 천문과 풍수에 대한 해박한 지식이 녹아든 녹색의 장원에 길게 누워서 하늘을 올려다보고 싶었습니다. 고택 뒤에는 산세 우람한 산이 자리 잡고 있고 뜰 앞에는 광활한 들판이 유유자적 펼쳐져 있었습니다. 마침 노을이 산 중턱에 걸려 그 황금빛을 자랑하듯 걸려 있었는데, 그 노을빛이 저도 모르게 발걸음을 붙잡았습니다. 그곳은 남한의 명 고택 100곳 중에서 가장 아름다운 곳으로 불리는 곳이라고 했습니다.

또한 우리는 그가 큰 부자였다는 사실에 또 한 번 놀랐습니다. 근래에 회자되었던 "경상도 부자는 3000석을 넘기 어렵지만, 전라도 부자는 1만석이 넘는다."는 말도 영·호남의 지리적 차이 때문이 아닐까 싶습니다. 아직도 그 주변에는 고산의 증손자들의 땅이 많다고 합니다. 고산이 살았던 지역은 그의 예술 정신의 요람이었습니다. 배를 타고 보길도를 향하다가 세연정의 정취에 취해버렸습니다. 그런 생각을 했습니다. '아, 아름다운 곳에 살고 있으니 아름다운 생각을 하게 되는구나.'

본래는 제주도에서 여생을 보내려던 고산이 너무 아름다워 평생을 머물게 되었다는 세연정은 자연을 벗으로 여기면서 지은 듯한 『오우

가』를 떠올리게 했습니다.

오우가

- 윤선도

나의 벗이 몇이나 있느냐 헤아려 보니
물과 돌과 소나무, 대나무다.
게다가 동쪽 산에 달이 밝게 떠오르니
그것은 더욱 반가운 일이로구나.

그만 두자,
이 다섯 가지면 그만이지 이 밖에 다른 것이
더 있은들 무엇 하겠는가?
구름의 빛깔이 아름답다고는 하지만, 검기를 자주 한다.

바람 소리가 맑게 들려 좋기는 하나,
그칠 때가 많도다. 깨끗하고도 끊어질 적이 없는 것은
물뿐인가 하노라.

꽃은 무슨 까닭에 피자마자 곧 져버리고,
풀은 또 어찌하여 푸르러지자 곧 누른빛을 띠는가?

아무리 생각해 봐도 영원히 변하지 않는 것은 바위뿐인가 하노라.
따뜻해지면 꽃이 피고, 날씨가 추우면 나무의 잎은 떨어지는데,
소나무여,
너는 어찌하여 눈이 오나 서리가 내리나 변함이 없는가?
그것으로 미루어 깊은 땅 속까지 뿌리가 곧게 뻗쳐 있음을
알겠노라.

나무도 아니고 풀도 아닌 것이,
곧게 자라기는 누가 그리 시켰으며, 또 속은 어이하여 비어
있는가?
저리하고도 네 계절에 늘 푸르니,
나는 그것을 좋아하노라.

작은 것이 높이 떠서 온 세상을 다 비추니 한밤중에 광명이
너보다 더한 것이 또 없다.
보고도 말을 하지 않으니 나의 벗인가 하노라.

여행은 이처럼 마음으로 느끼는 설렘입니다. 독서여행은 결코 어려운 것이 아닙니다. 떠나기 전에 다음의 5가지만 챙기면 됩니다.

첫째, 마음의 문을 열자

독서여행을 갈 때는 일상 업무를 머리에 담아가지 마세요. 여행은 머리로 하는 것이 아니라 마음으로 하는 것인 만큼, 머리는 잊고 가슴을 활짝 열어야 합니다. 냄새 맡고 느끼고 즐기면서 책 속에서 읽었던 것들을 몸과 가슴으로 이해하는 시간을 가져야 합니다.

둘째, 관련된 도서는 미리 읽고 이해하고 떠나자

책으로 만나는 세상과 눈으로 보고 느끼는 세상은 확연히 다른 것입니다. 책을 읽고 떠나는 독서여행은 그래서 정신으로 하는 여행인 동시에 몸으로 하는 여행입니다. 이런 독서여행은 기본적으로 책 속에서 전하는 핵심 메시지를 정확히 이해한 뒤에 떠나야 합니다. 그러면 방문하는 장소에서 말하는 속삭임을 더 확연하게 이해할 수 있습니다.

셋째, 기록하고 또 기록하자

여행의 매력은 현장감입니다. 현장의 소리에 귀 기울여 보세요. 들리지 않았던 새로운 메아리가 있습니다. 하지만 아무리 생생한 현장의 소리도 종이 위에 붙잡아두지 않으면 날아가 버립니다. 이럴 때 반드시 종이에 기록해 보세요. 좋은 아이디어가 공기처럼 날아가는 것을 막을 수 있습니다.

넷째, 돌아와서 전달하자

다시 현실로 돌아왔을 때 가족들, 그리고 직장동료들과 여행에서 느낀 기쁨과 지식을 나누어 보세요. 남에게 전달하면 그들도 여행을 떠난 것 같은 기분을 느끼고 그 여행의 주제였던 책을 궁금하게 느끼게 됩니다. 또한 전달하는 사람은 그것을 새롭게 마음속으로 재구성하니 온전한 내 지식으로 만들 수 있습니다. 그 기억과 그 추억이 다시금 떠올라 행복해집니다.

다섯째, 여행 후기를 적어보자

우리 기억은 그리 오래가지 못합니다. 따라서 그때의 여행에서 느낀 것들, 새로이 깨닫게 된 지식 등은 반드시 후기로 남겨야 합니다. 아름다운 기억이 오래도록 피어나려면 그 느낌 그대로 적어보세요. 나만의 스토리가 추억의 책장을 만들어 줍니다.

책과 함께 떠나는 독서여행은 가장 훌륭한 몸과 마음의 체험입니다. 같은 독서토론의 회원끼리, 또는 함께 책을 읽는 친구끼리 같은 책을 읽고 공유하는 여행은 결코 잊지 못할 추억입니다. 책을 읽을 때 여행을 염두에 두고 읽어보십시오. 책 읽는 일이 더 즐거워집니다. 정신과 몸이 가장 잘 어우러지는 독서여행은 여행 중에서도 가장 귀한 여행입니다.

독서하는 기업이 장수한다

포스코 -
소리 없이 세상을 움직이는 힘

저에게 포스코와의 첫 인연은 잊을 수 없는 추억이 되었습니다. 우여곡절 끝에 가게 된 이곳 첫 강의 때 예상치 못한 난관이 닥친 것입니다.

밤이 늦도록 다음날 강연 준비를 마치고 잠이 들었는데 날씨가 심상치 않은 것이 왠지 예감이 불길했습니다. '설마 이러다가 날씨 때문에 비행기가 못 뜨는 건 아닐까' 걱정했는데, 역시나 새벽에 눈을 뜨니 온통 거리에 안개가 가득하더군요. 눈앞이 캄캄해졌습니다.

서둘러 차를 몰고 공항을 향하는데 심지어 전방 10미터 앞도 눈에 보이지 않을 정도로 시야가 턱 막혀왔습니다. 저는 무릎을 치고 후회했습니다. 어젯밤에 미리 출발했어야 했는데 이 지경이 되었다는 생

각 때문에 저 자신이 원망스러울 정도였습니다. 게다가 라디오 방송에서는 비행기 결항 소식까지 흘러나왔습니다. 차를 몰고 가는 손에서 땀이 흥건하게 고이기 시작했습니다.

그토록 고대했던 포스코 첫 강의를 하는 날, 하필이면 이 중요한 날에 비행기가 결항이라니, 대체 이걸 어쩌나 하는 생각이 들었습니다. 심장 박동은 거세지고 마음은 온통 절절 매고 있었습니다. 저는 서둘러 담당자에게 연락을 하고는 답변을 기다리면서 떨리는 가슴으로 공항을 왔다 갔다 배회했습니다. 행여 다시 비행기가 뜨지 않을까 하는 기대감을 포기할 수 없었습니다.

그런데 놀랍게도 잠시 후 정말로 반가운 전화가 왔습니다. 직원 분들 모두 독서경영 강의에 대한 기대가 아주 크다면서 오후에라도 와서 강의를 해달라는 소식이었습니다. 순간 너무 감사해서 눈시울이 뜨거워졌습니다. 그렇게 오후가 되자 안개가 걷히고 비행기는 하늘을 나는 새처럼 유유히 날기 시작했습니다.

저는 비행기 안에서 강의안을 수정하고 또 수정했습니다. 고맙고 죄송한 마음으로 보상할 수 있는 것은 오직 열정적인 강의뿐이었습니다. '정말 제대로 잘하고 오자.' 는 다짐을 하고 또 했습니다.

그날은 위기가 기회라는 말이 딱 어울리는 날이었습니다. 오히려 아침의 해프닝이 우리에게 작은 스토리를 만들어 주었습니다. 기다리고 기다렸던 포스코의 강의장에 서자 하나같이 빛나는 눈빛들이 저를 바라보았습니다. 모든 직원 분들이 이 지각생에게조차 정말이지 너무너무 친절했습니다. 강의는 몇 시간 동안 열정적인 분위기 속에서 마무리 되었습니다. 강의가 끝나고 주택단지를 견학할 때는 '세계적인 기업은 정말 다르구나.' 하는 생각이 스치면서 세계 속에 우뚝 선 포스코의 기상을 곳곳에서 느껴볼 수 있었습니다. 나아가 깨끗하고 쾌적한 사무실 분위기와 최첨단 세미나 실은 포스코 직원들의 뜨거운 학습 욕구를 잘 보여주고 있었습니다.

강의를 집중해서 듣던 그 눈빛들을 잊을 수가 없습니다. 다들 함께 웃고 즐기고 때로는 진지하고 심오한 질문을 던지기도 했습니다. 수많은 질문들과 답들이 포스코인들의 가슴과 가슴 사이를 탁구공처럼 오가고 있었습니다. 제가 농담을 던지면 다들 더 재미나는 위트의 말씀을 해주셨습니다. 그 순간들이 참으로 고맙고 감사했습니다. 강사와 청강자들이 하나가 되는 분위기야말로 강사에게는 최고의 선물이 아닐 수 없습니다.

그것은 다름 아닌 이들의 마음이 열려 있다는 증거였습니다. 우리는 서로 그 마음의 골목길을 함께 걷고 있었습니다. 공감하고 맞장구

치고 추임새를 넣으며 이렇게 행복할 수 있으니 저는 참 축복받은 사람이라는 생각이 들었습니다. 강철 사나이들의 우직하고 무뚝뚝해 보이는 그 과묵함 뒤에는 쇠를 녹이는 뜨거운 열정이 숨어 있다는 것을 느낄 수 있었습니다.

아름다운 기업입니다. 글로벌 넘버원이라고 불리는 기업이지요. '창의, 신뢰, 소통의 주인공' 이기도 합니다. 이 기업은 40여 년간 단 한 번의 적자도 없이 오로지 흑자만 낸 기업으로 유명합니다.

그렇다면 이처럼 지속성장을 이어온 포스코의 최고의 경쟁력은 무엇일까요?

서울대 AIP 독서클럽 회원들과 함께 방문을 갔다가 그 답을 발견했습니다. 바로 끊임없는 혁신과 강한 현장이었습니다. 불꽃처럼 혁신의 기운으로 타오르는 뜨거운 현장의 정취가 우리의 가슴까지 뜨겁게 달구어 주었습니다. 이곳을 방문하는 사람들은 혁신의 흔적과 성과물을 보기에 눈이 바빴고, 그것을 벤치마킹하는 머리의 세포도 바쁘기만 했습니다.

포스코 혁신의 DNA에서 많은 것을 배우고 돌아왔습니다. 독서클럽 회원들의 가슴속 깊이 혈관을 타고 흐르고 있는 것은 모두 감동이었습니다. 모든 회원들이 한결같이 "역시 포스코"라고 입을 모아 외

쳤습니다.

저는 이곳을 방문하고 집에 돌아오자마자 허남석 부사장님(현 포스코 ICT 대표이사)께서 쓰신 『강한 현장이 강한 기업을 만든다』를 반신욕 독서로 천천히 세포에 스며들게 읽었습니다. 포스코가 글로벌 기업으로 우뚝 선 배경에는 허남석 부사장님과 포스코 사람들의 따뜻한 가슴이 숨어 있었습니다.

일을 하는 곳이 아니라 꿈을 키우는 곳, 기업의 성장이 개인의 성장이 되는 곳, 기계 소리보다 책 읽는 소리가 더 정겨운 곳, 강철 사나이들의 무쇠를 녹이는 뜨거운 열정이 현장 곳곳에 피어나는 곳이 바로 포스코였습니다. 거기에는 아름다운 사람들의 합심이 뜨겁게 녹아 있었습니다. 나아가 포스코의 현장을 강하게 만든 또 하나의 힘이 있었습니다. 바로 솔선수범이었습니다. 포스코의 솔선수범은 정성과 시간은 배반하지 않는 진리를 보여줍니다. 『강한 현장이 강한 기업을 만든다』는 진정한 솔선수범의 힘을 배우게 해주었습니다.

제가 포스코와 인연을 맺게 된 계기가 있었습니다. 언젠가 전국인재개발원장연합회에 회장으로 계신 김영헌 상무(포스코 인재개발원원장)님의 요청으로 포스코센터에 강의를 갔습니다. 사실 기업의 지

식경영의 메카이신 분들 앞에 강의하기가 좀 부담되었지만 모두들 재미있게 들어주신 덕에 좋은 시간을 가졌습니다.

　그렇게 강연을 마치고 김진일 부사장님 사무실에 안부 인사를 드리러 갔는데 무척 반갑게 맞아주시더군요. 큰 환대가 감사해서 미리 준비한 책 몇 권을 드리니 "아, 이렇게 귀한 책을 주시니, 정말 무엇보다도 값진 선물입니다. 고맙습니다." 하시며 요즘 읽고 있는 책을 가방에 꺼내 보여주셨습니다. 한동안 우리는 독서 열정을 아낌없이 서로에게 내보이면서 책으로 소통하는 유쾌한 대화의 시간을 가질 수 있었습니다.

　그런데 놀랍게도 대화 말미에 부사장님께서 바로 담당자를 부르셨습니다. 포스코에 독서경영 제대로 한번 해보자는 것입니다.

　이제 포스코 곳곳에서는 독서향기가 울려 퍼지기 시작했습니다. 독서의 힘을 아는 사람들의 뜻이 소통되면 결코 그 향기는 시들지 않습니다. 이런 분들은 책으로 소통하고 책에서 에너지를 얻고, 책갈피에서 아이디어를 모으면서 기업경영의 새로운 모멘텀을 찾는 분들입니다.

　세월이 한참 흐른 후에 포스코에 독서 코칭을 갔을 때는 더 행복했습니다. 몇 차례 독서경영 특강을 했던 터라 모든 분들의 읽기 수준이 훨씬 높아져 있었습니다. 그렇게 눈으로 변화를 확인할 수 있으니 포스코에 강의 가는 날은 언제나 설렐 수밖에 없었습니다. 직장인들이 가장 기다리는 금요일 저녁 퇴근 시간인데도, 다들 먹고 마시고 노는 것을 뒤로 하고 파란 작업복을 입은 채 책을 들고 강연장으로 들어서더군요. 얼굴에는 하루 업무의 피로가 그대로 쌓여 있음에도 그 발걸음은 소풍 가는 아이마냥 신나고 눈빛에서 이글대는 열정이 강의장을 밝히고 있었습니다.

"반갑습니다. 그동안 잘 계셨습니까?"

"네!"

"이 책 읽어보니 어떠셨나요?"

"어렵지만 재미있었습니다!"

대답 소리에서 느껴지는 열정의 온도가 예전과 달랐습니다. 어떤 기업에는 기계 냄새가 나고, 어떤 기업에는 제품 냄새가 나고, 어떤 기업에는 사람 냄새가 난다는데, 사람 냄새가 나는 기업은 역시 다르다는 생각이 들었습니다. 강연장에서조차 상하 간 계층의 갈등보다는 서로 위하고 사랑하는 진한 형제애가 흘렀습니다. 힘이 되는 응원의 말을 아끼지 않았습니다. 그 모습을 보니 강의실뿐만 아니라 일상 업무에서는 얼마나 서로에게 더 큰 힘이 되어줄지 짐작이 갔습니다.

실제로 포스코 광양 제철소 도금부 직원들은 확연히 다릅니다. 강

연뿐만 아니라 독서토론을 할 때도 그렇습니다. 모두가 하나같이 발표하는 사람에게 그윽한 눈빛과 따뜻한 표정을 보냅니다. 한 마디 한 마디를 마음을 활짝 열어 놓고 듣습니다. 그러니 말하는 사람도 신나고, 듣는 사람도 즐거워 보입니다.

1시간이 지나 어느덧 토론을 마치는 시간이 되면, 다들 표정이 완전히 달라져 있습니다. 이제 그곳을 밝히는 것은 형광등 불빛이 아닌 함께 열띤 토론을 진행한 이들의 열정 가득한 눈빛입니다. 서로가 서로에게 보내는 응원의 눈빛, 따뜻한 추임새가 하루의 피로를 풀어줍니다. 토론을 마치고 돌아가는 이분들의 발걸음에는 리듬감이 넘칩니다. 그 뒷모습을 바라보니 어찌나 아름답게 느껴지던지요.

그렇게 독서경영 강연과 독서 코칭을 마치고 집에 돌아온 날이면 어김없이 가장 큰 선물 하나를 더 받곤 합니다. 담당자 분들의 고맙다는 전화 한 통입니다. 강의를 듣고 나자 책이 읽고 싶어졌고, 이제는 책 속에 빠져 나오지 못하게 되었다는 말씀들입니다.

언젠가 포스코 강연을 들은 분께서 "최고의 기업에서 최고의 강사가 최고의 강의를 했다."고 말씀하신 적이 있습니다. 하지만 그것은 분에 넘치는 칭찬입니다. 저는 이렇게 수정하고 싶습니다. "최고의 기업에서 최고의 사람들이 최고의 추임새를 보내주셨습니다." 라고.

너그러움과 귀한 대접에 지구를 두 바퀴나 돌 것 같은 에너지를 얻었던 포스코, 책벌레인 저마저 감동시킨 정말로 잊을 수 없는 기업입니다.

그리고 지금도 눈을 감으면 선명한 도금부 첫 강의…. 만일 그때 정말 비행기를 놓쳐서 포스코를 찾을 수 없었더라면 오늘의 저는 없었을 것입니다. 늦은 오후라도 강의를 할 수 있도록 따뜻한 배려를 해주신 포스코 광양 도금부의 모든 직원 분들께 마음의 큰절을 올립니다.

독서를 통해 설레임과 행복, 꿈을 피어나게 하는 행복전도사 Diana Hong,

Diana Hong의 독서향기에 취하여 책을 좋아하게 되어, 주 1권 이상을 탐독하면서 행복을 공유하고 있습니다. 특히 다이애나 홍의 『독서향기』는 단 한권의 책이지만 49권을 탐독한 것처럼 느낌(필~)을 줍니다. 제가 근무하고 있는 POSCO의 전 부서에도 Diana Hong의 독서 향기가 전파되어서 독서경영을 통하여 조직의 문화가 쌍방향 신뢰가 완성되길 희망합니다."

- 포스코 광양제철소 도금부 독서동우회 회장 유한성

02

삼성 - 지갑은 놓고 다녀도 가방 안에 책은 넣고 다녀라

독서경영을 처음 시작하게 된 곳이 바로 삼성전자였습니다. 삼성 전자 구미 공장에서는 이른바 '미친 사람'을 찾고 있었습니다. 그러 자 저의 선배이신 김 원장님께서 "여기 미친 여자가 있다."며 저를 구미 공장 인재개발부에 데리고 가셨지요. 그때의 기억을 잊을 수가 없습니다. 전 부장님께서 저를 보고는 이렇게 말씀하셨습니다.

"원장님, 제발 우리 직원들 책에 좀 미치게 해주세요. 본인이 먼저 100% 미친 사람이어야만 다른 사람 겨우 10% 미치게 할 수 있는데, 원장님이 그 역할을 좀 맡아주세요."

그렇게 첫 인연이 되었습니다. 삼성과의 만남은 왠지 설레고 설레 었습니다. 눈빛 초롱초롱한 인재들을 만난다는 설렘이 발걸음에 힘을 실어주었습니다. 그래서 삼성에서 한 강의도 여전히 그 에너지 넘치는 눈빛과 마주하면서 신나게 풀어나갔습니다. 제 모든 지혜를 실타래 풀어내듯 하기 위해서는 제 안의 에너지를 총동원해야 했습니다.

배우고자 하는 사람에게는 배움의 길이 열리고, 보고자 하는 자에게는 시야의 문이 열리며, 얻고자 하는 사람은 항상 구하는 법입니다. 대한민국 인재들이 모여 있는 삼성은 언제나 눈빛이 살아있는 기업입니다.

예사롭지 않습니다. 서로가 서로의 눈빛을 바라보며 시너지를 내고 있는 것이죠. 그 시너지로 창의적인 아이디어를 만들고, 창조적 문화도 만들어갑니다. 삼성전자 구미 공장의 공장장께서는 늘 이렇게 말씀하십니다.

▌"가방에 지갑은 놓고 다녀도 책은 넣고 다녀라."

전설처럼 전해오는 공장장님의 이 말씀은 전 직원들이 '책 읽는 삼성'에 참여하도록 독려하는 큰 힘이 되었습니다. 삼성전자 복도는 마치 작은 도서관을 연상케 합니다. 장르별로 전문 서적부터 경영, 경제, 자기계발, 리더십, 인문, 실용, 철학, 수필, 시까지 원하는 대로 볼 수 있도록 구비되어 있습니다.

어디 그뿐입니까? 게시판에는 언제나 추천 도서를 안내해 놓았고, 간단한 내용도 전해줍니다. 더 멋진 것은 읽고 싶은 책은 제목을 적어내면 언제든지 그 책을 구매해 준다는 것입니다. 참 멋지죠. 이제 마음만 있으면 됩니다.

삼성은 이미 3개월 단위로 읽고 토론하고 독후감을 제출하는 독서 통신교육을 진행해 왔습니다. 여기서 제 의무는 직원들의 마음속에 억지로 읽는 대신 진심으로 읽고 싶다는 충동을 불러일으키는 것입니다. '이렇게 좋은 책을 내가 왜 안 읽었지?' 하는 마음을 갖게 하는 것입니다.

또한 '좋은 책을 읽고 싶은데 내게 필요한 책은 어떻게 선택하는가? 좀 더 효율적으로 읽으려면 어떻게 해야 하는가? 읽고 난 후 어떻게 할 것인가?' 하는 구체적인 독서법도 소개합니다. 책을 읽고 싶은 강한 유혹에서 시작해 결국 책과 사랑에 빠지게 만드는 것입니다.

책과 사랑에 빠져 본 사람은 압니다. 그 신비로운 사랑의 달콤함을 아는 사람은 압니다. 그러나 더 멋진 건 그 효력이 엔돌핀의 4000배가 된다는, 감동, 감화를 받았을 때 분비되는 호르몬인 다이돌핀의 위력을 경험하게 된다는 것입니다. 몸에 전율이 이는 책 한 권을 만나면 바로 그 사랑의 다이돌핀이 혈관을 타고 세포에 흐르게 됩니다.

삼성 SERI 연구소의 북 리뷰 코너는 주마다 따끈따끈한 경영·경제 서적을 소개합니다. 이 소개 글은 전문가들의 서평인 만큼 핵심 키워드를 중심으로 책 내용이 잘 정리되어 있습니다. 시간이 넉넉지 않은 사람의 경우 이것만 꼼꼼히 읽어도 되겠구나 싶을 만큼 알찬 내용들입니다. 이렇게 일주일에 한 권이니 한 달이면 4권의 책을 접할 수 있을 뿐더러, 책 내용과 더불어 전문가의 생각까지 보너스로 함께 만나볼 수 있습니다.

책이 사람을 만들고 사람이 경영을 만듭니다. 많이 읽으면 생각도 많아지고, 생각이 많아지면 아이디어도 풍부하게 솟아납니다. 언제 어디서 어떻게 솟아난 아이디어가 정답이 될지 모르니 항상 준비하고 충분한 무기를 갖추어야 합니다. 실시간 흐르는 경제 음악을 배경 삼아 제대로 한 판 춤사위를 펼쳐 볼 수 있게 말입니다.

세계적인 기업 삼성을 이룩해낸 그 보이지 않는 경쟁력이 엄청난 독서량에 있음을 이제는 누구도 부인할 수 없을 것입니다. 이건희 회장의 '책을 통한 창조 경영'은 유명합니다. 그는 책읽기라는 화두를 통해 전 직원들의 쇄신을 이룩했습니다. 아마 이것은 책 속에서 획

하고 지나가는 깜짝 아이디어를 놓치지 말자는 의미일 것입니다.

이처럼 책을 중심에 놓으니 기업 분위기도 창조경영의 파도를 잘 타고 있습니다. 이는 거칠게 밀려드는 파도를 슬기롭게 대비하겠다는 것입니다. 언제 불어올지 모르는 세찬 파도조차도 준비된 가락에 맞춰 춤추듯 타고 넘겠다는 의지입니다.

이처럼 책 읽는 문화가 자연스럽게 녹아 있는 삼성의 현장에서 진행하는 독서경영 강의는 항상 신이 납니다. 이들의 눈빛을 통해 항상 재창조됩니다. 오히려 강사인 제가 더 큰 감동을 받고 돌아올 정도입니다.

하루는 강의를 마치고 나오는데 등 뒤에서 목소리가 들렸습니다.

"원장님! 저희 집도 드디어 거실을 서재로 바꾸었습니다."

돌아보니 인력개발팀 김 과장님이셨습니다.

"아, 결국 해내셨군요. 축하합니다!"

"아내와 좀 싸웠지만 결국 제가 이겼습니다."

김 과장님은 자랑스럽게 껄껄 웃으셨습니다. 저는 그의 실천하는 모습에 진심으로 박수를 보냈습니다. 이처럼 삼성전자 직원들은 강한 행동력이 있습니다. 그것이 가장 큰 경쟁력입니다.

삼성그룹은 핵심 인재를 필두로 하는 '인재경영', '천재경영' 에서 미래를 개척할 답을 찾는 기업입니다. 굳이 이건희 회장의 '창조경영' 화두를 떠올리지 않고도 사실 우리는 현재 세계 경제를 움직이는 중심축이 인재 기용에서 시작해 인재 활용으로 끝난다는 것을 시장을 통해 명백히 확인하고 있습니다.

빌 게이츠 회장이 매년 지구를 몇 바퀴씩 돌면서 전 세계 곳곳에 숨어 있는 인재를 '모래알 속의 바늘' 찾듯이 뒤지고 있는 것도 그 때문입니다. 덕분에 마이크로소프트사는 금년에 80년간 세계 1위를 장악했던 GM을 누르고 올라설 것이 확실시되고 있고, 도요타 웨이(Toyota Way)로 주목 받고 있는 일본의 도요타 역시 매년마다 수억 달러에 달하는 비용을 인재 육성에 사용하고 있습니다. 현대는 이른바 인재 전쟁(War of talent)의 시대이자 이제 인재 확보에는 국경도 없습니다. 이제 어느 분야에서든 '1등이 되지 못하면 살아남지 못한다.' 는 자세로 경영해야 합니다.

이처럼 사상 초유의 인재 전쟁 시대, 대한민국에서 가장 먼저 '인재 1등' 을 선포한 삼성의 행보는 예사롭지 않습니다. 이미 직급 체계를 뛰어넘어 인사관리 구조를 인재 관리와 육성을 중심으로 바꾸었습니다. 이제 삼성에서는 과장, 차장, 팀장같은 직급과 직책은 더 이상 의미가 없습니다. 삼성에서는 핵심인재들을 S급, A급, H급 등 구

성원이 가진 능력과 성과를 기준으로 분류해서 관리하고 있으며, 이들에 대한 정책적 배려와 대우 수준은 일반인들의 상상을 초월합니다. S급 인재들은 대표이사 이상의 연봉이나 대우를 받을 수 있고, 경영층이 하는 업무도 대부분 이들 인재들을 멘토링하고 관리하는 일에 집중되어 있습니다.

또한 그 일에 소홀해 핵심인재 확보나 관리에 누수가 생길 경우 가차 없는 평가 상의 불이익을 각오해야 합니다.

또한 삼성에서는 인재를 평가하는 기준, 그리고 그러한 기준에 부합한 인재를 키워내는 프로그램도 그룹 차원과 각 부서 차원으로 나누어 각각의 역할을 담당하게 함으로써 극히 체계적으로 수행됩니다. 삼성의 인재들은 입사하면서부터 삼성 식 사관학교에서 완전히 새로운 사람으로 다시 태어납니다. 삼성 출신들이 어디를 가든 환영받는 이유가 바로 여기 있습니다. 자신의 업무에 미쳤다고 할 정도로 몰입할 뿐 아니라, 자신이 어디까지 성과를 내야만 하며, 지금 어느 정도 수준에 와 있는지 언제든지 체크할 수 있을 정도로 '질적 향상'과 '성과 배가'에 혼신의 힘을 기울입니다.

그리고 조직도 그러한 인재들의 노고에 대해 파격적이고 다양한 형태의 보상을 통해 동기부여를 강화함으로써 '삼성은 역시 1등'이라는 인식을 지속적으로 유지하게 합니다. 이것이 바로 글로벌 경쟁 환경에서 살아남은 삼성 시스템의 힘입니다. 그리고 바로 그 전략과 방법론 사이에 책을 통한 창조경영이 존재하고 있습니다.

그렇다면 삼성식 인재 전략은 과연 무엇이 다를까요? 사실 현실적으로 국내 기업들의 경우 해외 굴지의 기업들만큼 인재 유입이 쉽지 않습니다. 대학이나 기업에서 대단한 퍼포먼스를 발휘했던 인재라고 해도, 그 기업에 고착된 조직문화나 업무 시스템에 적응하지 못해 도태되거나, 기존의 탄탄한 조직력 중심의 시스템에 걸림돌이 되는 경우도 무수합니다.

그리고 지금, 인재들이 자기 역량을 마음껏 발휘할 수 있고 그것이 곧 기업의 수익 증대와 혁신문화 창출로 이어지는 이른바 삼성웨이 (Samsung Way)를 세계가 주목하고 있습니다. 삼성웨이의 특징은 한 사람의 뛰어난 인재가 조직 곳곳에서 혁신적인 아이디어를 내고 상당한 범위의 재량권을 가지고 집행도 할 수 있다는 점입니다. 또한 이처럼 최대한의 권한위임 구조를 기본으로 하되 독단적인 판단으로 인한 리스크나 도덕적 해이의 문제를 견제할 수 있는 장치가 조직 여기저기에 보이지 않게 자리 잡고 있습니다. 다시 말해 경영자의 구체적인 지시나 명령 없이도 각 분야에 포진한 인재들이 충분한 의사

결정권을 가지고 스스로도 만족스럽게 창의력을 발휘할 수 있을 뿐만 아니라, 근거리 감시, 통제, 감독 없이도 시스템에 의해 조직원 간의 성과와 공과를 측정하고 보상하고 징벌할 수 있는 효과적인 구조가 탄탄히 갖춰지게 되는 것입니다.

이건희 삼성그룹 회장은 대단한 독서광으로 잘 알려져 있습니다. 이 회장은 아버지인 고 이병철 회장에게서 늘 다른 사람의 이야기에 귀 기울이라는 의미로 '경청(傾聽)' 이라는 휘호를 받았다고 합니다. 그리고 이건희 회장은 독서야말로 그 '경청' 을 실천하는 한 방법이라고 생각하게 되었다고 하네요.

이 회장은 본인이 직접 책을 고르기도 하고 비서실에서 매일 요약해서 올려주는 필독서들을 읽기도 하면서 한 달에 평균 20여 권의 책을 읽는다고 합니다. 어쩌면 6-시그마 등의 실현 및 그룹의 개혁도 바로 그런 독서 속에서 나온 아이디어의 결과가 아닐까 싶습니다.

이런 삼성그룹 총수의 독서 사랑은 각각의 부문을 담당하는 계열사들에서도 어김없이 나타납니다. 2009년 지난 봄 삼성모바일디스플레이(SMD)에 있었던 사건 하나도 삼성의 독서경영의 토대가 얼마나 넓고 풍부한지를 잘 보여주는 사례입니다.

그해 봄 이 회사의 직원 지원 부서가 어려운 난관에 부딪쳤습니다. 삼성 직원들은 직원 식당에서 밥을 먹는데 직원들로부터 "식당 밥이 너무 맛없다"는 불평이 터져 나오기 시작한 것이지요. 밥을 잘 먹어야 몸도 건강하고, 그래야 일도 더 잘하지 않습니까?

그래서 지원 부서가 서둘러 영양사와 협의를 진행했지만 뾰족한 답을 찾기 어려웠습니다. 직원들의 건강을 위해 엄격한 영양 기준에 맞추다 보니 소금 양을 조절해 쓸 수밖에 없고, 음식이 싱거우니 음식 맛이 없어진 것입니다. 하지만 맛을 더 내려고 소금을 더 넣으면 그 또한 몸에 나쁜 짠 음식을 직원들에게 먹이는 셈이 되니, 참 해결하기 어려운 딜레마가 아닐 수 없었습니다.

그런데 해답은 의외의 곳에 있었습니다. 그해 6월 강호문 사장이 매달 주재하는 독서토론회가 바로 그 해답의 진원지가 되었지요. 그달의 독서토론의 주제로 오른 책은 『넛지(Nudge)』였습니다. 서점가에서 베스트 열풍을 불러일으킨 이 '넛지'는 방향을 잡아주는 방향타, '팔꿈치로 옆구리를 콕콕 찔러 주의를 환기시키다'라는 의미이지요. 즉 어려운 일이 있을 때 문제에만 몰입해 다른 방향을 놓치지 말고, 신선한 아이디어와 방법으로 문제의 해결책을 찾아나가는 역발상을 중시 하자는 뜻입니다. 이를테면 그릇 크기를 작게 함으로써 자연스럽게 소식(小食)을 유도하는 것도 그 한 방법이랄까요?

이 『넛지』라는 책에 소개된 가장 대표적인 사례는 암스테르담 스키폴 공항의 파리 사건(?)입니다. 이 사건은 넛지의 힘이 아주 의외의 곳에서 발현된다는 것을 잘 보여주는 유명한 사례입니다.

당시 이 공항의 남자 화장실에는 고질적인 문제가 있었습니다. 자꾸 소변이 소변기 밖으로 새는 바람에 청소하기가 힘들어지면서 청소 비용이 늘어난 것이지요. 그래서 어떻게 하면 청소 비용을 줄일 수 있을까 고민하다가 재미있는 방법을 생각해냅니다. 소변기 중앙에 파리 모양의 스티커를 붙인 것이지요. 그런데 놀랍게도 그 결과, 밖으로 튀는 소변의 양이 80%가량이나 줄었다고 합니다. 소변을 볼 때 다들 자신도 모르게 그 파리를 표적 삼아 소변을 누게 되었거든요. 참으로 유쾌하고 즐거운 발상입니다.

삼성에서도 『넛지』의 힘은 유감없이 발휘되었습니다. 그 달의 삼성 독서토론에서도 또 다른 넛지가 나온 것입니다. 당시 토론을 하던 한 직원이 이렇게 말했습니다.

"넛지를 활용하면 식당 불만을 해결할 수 있는 방법이 분명히 있을 것 같습니다."

그렇게 다시 이야기가 진행되었고 일종의 넛지 아이디어가 발표되었습니다. 바로 설문조사를 통해 회사가 먼저 성의를 보임으로써 직원들의 불만의 방향을 틀어보자는 것이었습니다. 지원 팀은 곧바로

설문조사지를 만들어 각 직원들에게 식당 내 음식에 대한 선호도를
조사했습니다. 또한 거기에 염분 농도를 정확하게 표시해서 염분이
많이 든 음식이 맛은 좋지만 몸에는 안 좋을 수 있다는 것을 암시했
습니다.

그 결과는 놀라웠습니다. 이 조사가 진행된 후로 실제로 직원들의
식당에 대한 불만이 크게 줄어든 것입니다. 나아가 직원들은 설문조
사가 이뤄진 것만으로도 음식이 더 맛있어졌다고 느꼈고, 나아가 염
분이 많이 들어간 음식에 대해 경계심을 품게 되었습니다. 이 이야기
를 듣고 저는 '참 대단하다. 지식을 곧바로 현실 속에서 사용하는구
나.' 하고 감탄했습니다.

이 회사는 사장과 지원 부서 임원 및 사원 10여 명과 매월 2회씩 독
서토론회를 갖습니다. 그때마다 온갖 아이디어들이 무럭무럭 자라
납니다. 토론회의 회원들은 자신들의 독서클럽을 '리더스 웨이 클
럽'이라고 부릅니다. 여기서는 같은 책을 읽어도 그저 읽고 느끼는
것만이 아니라 이것을 직접 경영에 응용할 수 있는 해법을 찾는다고
합니다.

그래서 이 토론회 사람들은 이 독서경영을 단순한 참여를 넘어 이
자리에 배운 것을 몸소 실행한다는 의미로 '독서경영 3.0'이라고 부

룹니다. 쌍방향을 뜻하는 2.0에서 한 발 더 나아갔다는 뜻입니다.

나아가 삼성 SMD의 리더인 강호문 사장도 이 같은 독서경영에 적극적인 지지를 보내는 것으로 유명합니다. 좋은 책은 읽는 이의 관점과 생각을 바꿔준다는 측면에서 책읽기야말로 혁신을 달성할 수 있는 유력한 방편이라는 것이지요. 오죽하면 삼성에서는 가방 안에 지갑은 빼고 다녀도 책은 넣고 다니라는 말이 나왔을까요?

이처럼 독서의 힘을 잘 아는 기업들은 강할 수밖에 없습니다.

03

포스코 ICT -
독서 골든벨을 울리다

포스코 ICT는 포스콘과 포스데이터가 합병되어 만들어진 회사입니다. 포스콘과 포스데이터가 합병이 된 뒤 새로 부임하신 허남석 사장님께서는 취임식 날 두 가지를 크게 선포했습니다.

하나, VP(Visual Planning)
둘, 독서경영

허 사장님께서 취임 후 곧바로 하신 일은 한 달에 직원들에게 추천하는 4권의 책을 회사 사보에 기재하도록 한 것이었습니다. 그렇게 매달 책으로부터 단합을 이끌어내고 책을 통해 소통하면서 독서 아

이디어를 나눕니다. 이 같은 허남석 사장님의 강력한 독서 리더십은 포스코 ICT 곳곳에 독서향기를 나누고 책과 연애하는 기업문화를 만들어가고 있습니다. 허남석 사장님이야말로 손욱 회장님께서 만드신 '행복 나눔 125'를 그대로 실천하고 계신 셈입니다. '행복 나눔 125' 운동은 무엇일까요?

1, 한달에 1번 봉사 활동을 하자.
2, 한 달에 2권의 책을 읽자.
5, 하루에 5가지 일상에 감사하자.

포스코 ICT의 독서열풍은 갑자기 생겨난 것만은 아닙니다. 합병하기 이전 포스콘(대표이사 최병조) 시절부터 독서경영에 심혈을 기울여온 보기 드문 기업입니다.

당시 포스콘은 독서경영 특강을 시작으로 독서 동호회를 조직하는가 하면 독서 코칭, 독서 친구 찾기 같은 재미있는 프로그램은 물론, '독서 골든벨'도 열고, 연말에는 '독서 챔피언' 대상도 시상하는 등 다양한 독서 관련 문화들이 잘 자리 잡고 있지요.

이 회사의 독서경영은 제게 있어 더없이 소중한 기억입니다. 전경런 국제경영원 최고위과정에서 강의를 들은 최병조 대표께서 다음 날 바로 회사 직원들에게도 강의를 해달라고 요청하셨고 이렇게 첫 인연이 맺어졌습니다.

처음 이곳에 강의를 하러 가는데 늘 그랬듯이 가슴이 설레기 시작했습니다. 저는 책이 있는 곳이면 그곳이 어디든 연구실이 되고 책을 좋아하는 사람이 있으면 그곳이 어디든 일터가 됩니다.

좋은 책, 좋은 사람들이 있는 곳이 바로 제 일터입니다. 그러다 보니 늘 발걸음이 신날 수밖에요. 비행기에 몸을 싣고 나니 몽실몽실 하늘의 구름도 예쁘고, 첩첩산중 고개고개마다 아름다운 풍경에 마음이 들떠버렸습니다.

'오늘은 또 어떤 이야기로 재미있게 시작해야 할까?' 하는 고민에 빠져들었습니다. '기업이 독서를 만나 매년 성장할 수 있으려면 어떻게 해야 할까?' 하는 큰 틀의 고민도 해보았습니다.

기업의 성과에 책이 주는 역할이 무엇일까 생각해 보니 모든 조직원들이 같은 생각과 같은 가치관을 가지고 한 방향으로 나아가는 힘, 다시 말해 서로의 사이에 가교를 놓아주는 역할이 아닐까 하는 생각이 들었습니다.

미국의 시카고나 한국의 김해시처럼 독서가 행복한 곳을 기업 안에 세워야겠다는 생각을 해보았습니다.

포스콘에 대해서도 마찬가지였습니다. 기업의 진정한 성장의 길에 독서경영이 맡을 수 있는 부분을 더 키워서, 직원들의 가슴에 쌓인 부정과 불만을 감기를 몰아내듯 몰아내고 긍정의 힘을 심어주어 주어야 한다고 다짐했습니다.

서로의 가슴에 강한 긍정의 파동을 주고받을 수 있도록 해주고, 가슴 속에 잠들어 있는 에너지를 물결치게 하는 일을 책이 할 수 있도록 하는 것입니다. 읽으면 힘이 나고 힘이 나니 아이디어가 나오고, 그것이 잠든 가슴 속 물결을 일깨우게 되리라 믿어보았습니다.

저에게는 중요한 하나의 신조가 있습니다. 제가 즐겨 쓰는 말이지만, 독서의 길은 천천히 가지만 결코 뒷걸음치지 않습니다.

즉 독서경영의 효과라는 것은 당장 눈앞에 보이는 화려한 꽃은 아닐지도 모릅니다. 그러나 돈도 눈에 보이는 돈이 있고 안 보이는 돈이 있듯 독서의 결실은 반드시 부메랑처럼 돌아옵니다.

그것이 바로 독서의 힘입니다. 물론 지금은 스피드경영 시대이긴 합니다. 하지만 그와 더불어 닥쳐올 위기나 현재의 불황을 미리 극복하고자 하는 의지와 노력이 필요한 시기이기도 합니다.

지금 책 한 권을 읽었다 해서 당장 활용할 수는 없을지언정 향후 그

것이 위기극복을 위해 필요한 판단력을 제공할 수는 있을 것입니다.

실제로 책의 힘이 얼마나 위대한가는 시간이 흘러봐야 할 수 있습니다. 마치 농부가 씨를 뿌리고 한손에는 거름을 주고 한손에는 물뿌리개를 들고 한 여름의 땀방울 몇 번이나 닦아야 수확물을 거두어들이듯이 독서경영도 숙성되고 발효되는 시간이 필요한 것이지요.

그리고 포스코 ICT를 갈 때 여전히 만나게 되는 창조룸은 시간이 흐를수록 나타나는 독서의 효과와 그로 인해 성숙한 기업 문화를 보여주는 상징물입니다.

처음 독서 코칭을 시작한 지 1년 6개월이 지난 즈음 다시 이곳에 코칭을 오면서 그것을 분명히 느낄 수 있었습니다. 회사 입구 현관을 들어서는데 벌써 냄새가 달랐습니다.

이곳저곳에서 직감적으로 느낄 수 있는 독서향기가 풍겨왔습니다. 문을 열고 들어서니 전광판에 책과 그 안의 힘 있는 문장들이 펼쳐지고 있었습니다.

계단을 올라 사장실로 가는 데 벽면에는 온통 독서토론을 하는 모습들을 사진으로 찍어 아름답게 장식을 해놓았습니다. 누가 이렇게 예쁘게 꾸몄을까, 저도 모르게 발걸음을 멈추고 한참을 바라보았습니다. 이상하게도 마음이 편해졌습니다.

　그리고 2층으로 올라오니 반가운 창조룸이 여전한 모습으로 펼쳐집니다. 반갑게 맞아주는 형형색색의 책들, 여전히 감미로운 음악이 책갈피의 저자들과 함께 놀고 있었습니다. 정말로 울창하게 성장하는 숲 속의 향기가 느껴졌습니다.

　포스코 ICT의 창조룸은 이렇게, 들어서면 새 소리 바람 소리가 들리는 듯합니다. 이곳은 '회사는 일터'라는 고정관념을 벗어버린 하나의 웰빙 공간입니다.

　초록 나무숲이 시원하게 뻗어있는 벽면 구성이 아주 인상적이었고, 작지만 정겨운 서재에는 형형색색 책들이 도란도란 다정하게 꽂혀 있습니다. 제가 보내드린 책에 '도서 기증 한국독서경영연구원 원장 다이애나 홍'이라는 스티커를 붙여 놓은 것을 보니 포스콘 특유의 배려와 섬세함이 묻어났습니다.

　뿐만 아니라 서가의 책들도 다양합니다. 오래된 손때 묻은 책부터 신간 서적부터 스테디셀러, 그리고 주간 시사 잡지까지 직원들의 손길을 기다리고 있습니다.

　업무에 지친 영혼을 맑게 씻어주는 클래식 음악이 흐르고, 커피 향이 코끝을 스치고, 머리도 가슴도 쉬어가라고 발길을 붙잡습니다. 직원들이 점심을 먹고 책을 보고 있는 풍경은 정겹기만 합니다.

이런 모습을 지켜보는 경영자는 얼마나 행복할까요. 직원들이 행복하면 경영자는 안도감과 책임감을 동시에 느끼게 됩니다. 이들의 행복을 오래오래 지켜줘야 하고, 그러기 위해서는 도약하고 또 도약해야 하니까요. 또 하나, 창조룸의 화장실 문에는 이런 문구가 있었습니다.

"새 책을 만나면 새 벗을 만나는 것이요, 예전에 읽었던 책을 다시 만나면 옛 친구를 만나는 것이다."

이 모두가 포스코 ICT 이명진 차장님의 손길에서 탄생된 것이라고 이승주 상무님의 칭찬이 자자했습니다.

요즘 들어 포스코 ICT에 들어서면 날마다 새 벗과 옛 벗을 번갈아 만나는 기쁨 속에 있습니다. 얼마나 축복된 삶인가 스스로 감동 받곤 하지요. 곳곳에 독서를 위한 명문장이 나를 좀 봐달라고 유혹하고, 직원들이 직접 써서 올린 나누고 싶은 문장들도 참 좋았습니다.

노란 포스트잇에 연애편지를 쓰듯 책 속의 좋은 문장을 써서 함께 나누는 모습이 깊은 형제애를 느끼게 합니다.

독서클럽을 마치고 집으로 가는 귀갓길에 날아온 문자메세지도 행복했습니다. "직원들이 독서열정에 불붙기 시작했어요. 감사해요."

라는 문자였습니다. 실제로 아주 초기의 포스콘 창조룸은 처음에는 테이블과 의자 그리고 화분 몇 개가 전부였습니다. 그저 잠시 쉬거나 수다나 떨고 가는 무의미한 공간이었어요. 이제 그 공간이 직원들의 아이디어가 춤을 추는 곳으로 바뀌었습니다.

다시 안내를 따라 상무님 직무실로 향했을 때 저는 또 한 번 놀랐습니다. 저를 먼저 반기는 것은 책상 위에 활짝 피어 있는 책들이었습니다. 이미 읽은 책, 지금 읽고 있는 책, 앞으로 읽히려고 순서를 기다리는 책들이었습니다. 그야말로 1년 전의 풍경과는 너무 달라져 있었습니다.

"원장님, 어서 오세요. 저는 요즘 책에 미쳐 삽니다." 하며 반기는 얼굴이 햇살처럼 환했습니다. 덧붙여 상무님께서 말씀하셨습니다.

"요즘 우리 직원들도 책 읽는 습관이 완전히 정착되었습니다. 일주일에 1권씩은 꼭 읽고 토론합니다."

저는 놀란 얼굴로 말했습니다.

"아, 그렇군요. 정말 멋집니다. 상무님의 열정이 그대로 전해졌군요."

"우리 직원들의 마인드도 완전히 바뀌었습니다. 부정적인 말을 하는 사람이 아무도 없습니다. 서로 이해하고 아껴주는 분위기가 커졌습니다."

상무님은 그 동안 독서토론을 했던 책들을 펼쳐 보여주셨습니다. 마치 성적표를 자랑하듯 싱글벙글 이 책 저 책들을 펼쳐 보였습니다. 그 얼굴이 하도 맑아서 독서경영하기를 참 잘했다는 생각이 들었습니다. 이처럼 책으로 인사를 나누고 책으로 대화를 풀어가는 시간이 즐겁게만 느껴졌습니다. 나아가 더 반가운 소식도 들었습니다.

"며칠 전에 맥주 파티를 했는데 참 신기했습니다. 옛날 같으면 부어라 마셔라 취해서 정신없이 놀기 바빴을 텐데 맥주를 마시면서도 자연스럽게 책 이야기를 하게 되더라고요. 이제 직원들이 책 읽는 일에 전혀 부담을 느끼지 않고 있습니다."

"아, 멋지네요. 정말 멋져요!"

추임새를 넣고 맞장구를 치는데 저도 덩달아 신이 났습니다. 잠시 후 본격적으로 독서 코칭을 시작하는데 지금껏 나누었던 이야기가 현실로 증명되는 순간이었습니다.

약 1년 전 코칭을 할 때와는 사뭇 다른 분위기에, 다들 그간 쌓아온 실력이 눈에 보일 정도였습니다. 일전에는 그다지 왕성하지 못했던 토론 시간이었는데, 이제는 자신감에 찬 희망의 언어들이 거침없이 쏟아져 나왔습니다. 직원 분 중에 한 분이 이런 말씀을 하셨습니다.

"처음에는 힘들고 괴로웠죠. 토론 날이 다가오면 상무님이 먼저 책

을 읽고 오시니 저희들도 어쩔 수 없이 읽었습니다. 회식 끝나고 술이 취해도 책을 붙잡고 있어야 했어요. 처음에는 상무님이 몇 번 하다가 그만 두실 줄 알았습니다. 1년에 한두 권 고작 읽던 책을 주기적으로 읽어야 하니 괴로웠죠. 그런데 이제는 모두가 책 친구가 되었습니다."

이제 포스코 ICT 직원들은 책과 연애중입니다. 아이들은 책 읽는 아빠 모습을 자랑스럽게 여기고, 직원들은 상사와 부하가 아닌 책 친구가 되었습니다. 술자리에서는 술에 취하는 대신 책에 취합니다.

이곳의 독서클럽은 그야말로 막강합니다. 임원이나 직책보임자인 리더가 먼저 읽고 그 달의 도서를 선정할뿐더러 직책 보임자는 1년에 24권, 직원들은 12권을 읽습니다. 독서클럽 회수도 리더가 솔선수범합니다. 가능한 한 주 1회 임원과 독서 리더, 직책 보임자가 독서클럽을 운영하고 직원들은 팀별로 리더를 뽑아 스스로 자유롭게 월 1회 독서토론을 진행합니다.

오랜만에 참관해본 토론 현장이 말 그대로 와글와글했습니다. 또한 가지 크게 달라진 것은 직원들마다 한 권씩 독서노트를 손에 쥐게 되었다는 점입니다. 다들 독서노트에 빼곡하게 자신의 생각들을 정리해서 새로 배운 지식을 완전히 자기 것으로 만들고 있었습니다. 나중에 들어보니 상무님이 직접 직원들에게 독서노트를 한 권씩 사주었다고 합니다. 또한 상무님이 먼저 솔선수범해서 독서노트를 쓰고 난 뒤에 직원들도 쓰게 했다고 합니다.

저는 여기서 엄청난 아이디어를 하나 찾았습니다. 저만의 독서 정리 기술을 담은 독서노트를 만들어봐야겠다는 생각이 섬광처럼 스쳐 지나갔습니다. 그래서 서울로 돌아와 제 나름의 독서 플래너를 디자인하기 시작했지요.

현재 저의 『독서플래너 365』는 많은 기업들에서 독서토론 시간에 독후감과 아이디어를 적고 생각을 나누고 있습니다. 이 독서플래너가 몇 권만 쌓이면 한 사람의 운명이 바뀔 것입니다.

미래에는 눈에 보이지 않는 것들이 위대한 힘을 발휘하는 시대가 올 것입니다. 그럴 때 포스코 ICT의 북까페는 보이지 않는, 세상에 없는 새로운 아이디어가 새록새록 피어나는 곳, 회사를 움직이게 될 성장 DNA가 피어나는 곳이 될 것입니다.

옛 말에 되는 집안에는 세 가지 소리가 난다고 했지요? 바로 "일하는 소리, 웃음 소리, 책 읽는 소리" 입니다.

이제 이곳은 책도 읽고, 음악도 듣고, 잡지도 봅니다. 이제 포스코 ICT에는 기계 소리만 들리는 것이 아니라 책 읽는 소리도 들려오게

될 것입니다. 일하고, 웃고, 책 읽는 세 가지 소리가 모두 들리는 포스코 ICT에는 무한한 성장이 있을 수밖에 없습니다.

독서경영을 시작한지 2년 6개월이 지난 어느 날, 포스코 ICT 광양 사업소에서 독서골든벨 행사가 있었습니다.

놀라웠습니다. 그동안 읽었던 책을 중심으로 골든벨 50문제를 만들었더군요. 독서 리더들이 출제한 문제들을 보자니 그 수준이 가히 전문가 수준이라는 생각이 들 정도였습니다. 처음에는 OX 문제로 시작해서 패자부활전, 줄넘기 뛰기 이벤트 등 웃고 즐기는 행사도 있었습니다.

하지만 점점 어려운 문제가 출제되자 긴장감이 강당을 감돌았습니다. 혹시 골든벨을 못 울리면 어떡하나 하는 걱정이 슬슬 들기 시작했지요. 그런데 놀랍게도 정말 마지막까지 틀린 답 하나 없이 다들 잘 답변해 주시더군요. 정말 멋졌습니다. 그렇게 마지막 골든 벨 문제가 제출되었을 때 장내는 응원의 함성으로 가득 찼습니다.

다시 긴장된 분위기 속에 숨소리조차 들리지 않을 정도였습니다. 모두가 출제된 문제에 귀를 기울었습니다.

아, 드디어 정답이 발표되었는데 '딩동댕' 이었습니다. 모두들 승리의 함성과 우렁찬 박수 소리로 최종 도전자를 축복해 주었습니다.

독서의 힘을 아낌없이 보여준 즐거운 독서 골든 벨이었습니다.

그 안에서 저는 희망과 미래를 보았습니다. 독서경영이 한 기업을 어떻게 바꿀 수 있는지를 보았습니다. 포스코 ICT의 무한한 성장의 답은 바로 책 안에 있었습니다.

04

농심 - 독서로
생쥐깡 파문을 극복하다

서울대 AIP 과정을 공부할 때였습니다. 그때 서울대 공대 AIP 과정 주임교수로 계셨던 손 욱 전 농심회장님께서 수업을 마치고 저녁식사시간에 질문을 던졌습니다.

"다이애나 홍, 노조들의 열정을 끌어내는 좋은 방법이 없을까요?"

전 한치의 망설임 없이 답변 드렸습니다.

"아, 좋은 방법이 있습니다.

좋은 책을 읽으면 다 해결됩니다, 교수님."

그 한마디가 인연이 되어 저는 서울대 AIP 총동문회 행사에 특강을 하게 되었고, 손욱 교수님께서 서울대에서 농심 회장으로 취임하신 뒤 농심에서도 독서경영 특강을 하게 되었습니다.

CEO들은 항상 자신의 사업이 불안하다고 생각하는 만성적 불안감에 시달릴 수밖에 없습니다. 그러다 보니 경영자로서는 이 불안감을 어떻게 해결할까 고민하게 되지요. 그리고 21세기에 다다라 많은 경영자들은 수많은 고민 끝에 그 답을 찾은 것이 바로 책입니다. 이것이 바로 기업들의 독서경영의 시작점이 된 것이지요.

그런데 이런 CEO들의 독서경영은 경영자나 기업만 살리는 게 아닙니다. 그 직원들은 물론 그들의 가정, 나아가 국가의 경쟁력까지 높이는 일입니다. 예전에 기업들은 직원들을 단순히 '일하는 도구'로 생각하는 경향이 강했습니다. 하지만 다들 지금은 회사경영의 열쇠를 쥐고 있는 사람은 다름 아닌 직원들, 그리고 인재들이라는 것을 알고 있습니다.

따라서 직원들의 경쟁력을 높이기 위해, 그들의 가치를 높이기 위해, 그들의 마음을 다독이기 위해 반드시 어떤 학습 활동이 필요하다는 점을 깨닫게 되었고, 그 깨달음이 독서경영으로 귀결되고 있는 것입니다. 즉 지금 당장 이득은 아니더라도 장기적인 회사의 비전과 인재 양육을 독서에서 찾으면 미래를 지배하는 기업으로 성장할 수 있게 되는 것입니다. 그리고 우리나라의 CEO 중 독서경영의 대명사로까지 거론되는 분이 계십니다. 바로 손 욱 전 농심 회장님이시지요.

손 회장님은 크게 구분해서 세 가지 경영 기술(생각의 기술, 혁신의 기술, 상생의 기술)을 가지고 계십니다. 이것을 바탕으로 『십이지 경영학』이라는 재밌는 책까지 내셨지요. 이 책은 "자축인묘 진사오미 신유술해"라는 동물의 특징을 분석한 뒤 장점을 추출해서 경영 기술을 제시한 책입니다. 그런 손 욱 회장님이 늘 강조하시는 말이 있습니다.

"전문가가 되고 싶으면 한 분야의 책 100권을 읽어라!"

나아가 이것은 전문가가 되는 이상으로 많은 것을 배우고 생각할 수 있는 시간이라고 합니다. 특히 역사와 문학과 같은 인문학 분야의 독서도 경영서적 못지않게 많은 통찰력을 주니 경영자에게는 반드시 필요한 소양이라고도 강조하십니다.

손 욱 회장님의 또 하나의 독서법은 "어려운 때일수록 예전 베스트셀러를 찾아 읽는 것"입니다. 기본으로 돌아가야 변화와 혁신의 길이 보이기 때문이지요. 언젠가 『마케팅의 과학』이라는 고전 경제경영서를 직원들에게 제시한 것도 경제가 어렵고 소비가 침체된 시기일수록 마케터들이 원점에서 고객을 바라보고 현장의 목소리에 귀를 기울이기를 바랐기 때문입니다.

　그러나 농심의 독서경영이 가장 큰 빛을 발한 것은 이른바 회사의 운명을 뒤흔들었던 '생쥐깡 파문' 때입니다. 당시 손 회장님은 일본 출장에서 사온 『식품공장의 안전관리』외 1권을 직접 번역해 생산부문 직원들에게 나눠주었습니다. 농심의 대표상품인 새우깡에서 이물질이 발견돼 '생쥐깡'이라는 오명을 듣고 있을 당시 손 회장은 전국의 농심 공장을 일일이 돌며 "위기일수록 책을 읽으며 마음을 가다듬자. 그리고 다시 일어서자."며 직원들을 독려했다고 하지요.

　사실 살다 보면 돌부리에 걸려서 넘어져야 할 때도 있습니다. 농심의 상황이 그때 그랬습니다. 식품회사는 워낙 민감한 업종이라 철저하고 철저해야 합니다. 그럼에도 어쩔 수 없는 틈새로 불행이 치고들 때도 있습니다.

　당시 손 욱 회장님은 사기를 잃고 침울한 분위기에 빠져 있던 직원들에게 책을 통해 위기를 극복하는 방법을 제안했고, 며칠 후 담당자로부터 제게 독서경영 강의 의뢰가 들어왔습니다.

　당시 저는 서울을 기점으로 전국 농심 공장을 모두 돌기 시작했습니다. 가방에는 저의 유일한 무기, 여러 권의 책뿐이었습니다. 그것으로 수렁에 빠진 농심 공장의 직원들에게 힘을 불어넣는 것이 제 임무였습니다.

　당시 부산 공장에서 있었던 일입니다. 강의 직전에 이 공장의 공장

장 한 분이 사내방송을 통해 절규를 토해내고 있었습니다.

"여러분 저는 오늘 자식처럼 30년간 고이 길러온 새우깡을 모두 소각장에 불태우고 돌아왔습니다. 눈물이 흘렀습니다. 마치 제 두 팔이 떨어져나가는 것만 같았습니다. 자식을 묻고 돌아오는 심정이었습니다. 농심 가족 여러분, 이제 두 번 실패는 하지 맙시다. 용기를 잃지 말고 서로의 어깨를 두드려 줍시다."

그날 농심 직원들은 모두 울었습니다. 새우깡 사건으로 연일 터져 나오는 언론들과 소비자들의 공격의 화살에 모두가 상처를 입었습니다. 그 방송을 듣고 강의를 시작하는데 목이 메어서 입이 떨어지지 않더군요. 그날 저는 강의를 듣고 계신 모든 분들과 함께 울고 함께 다짐했습니다. 몇 시간 동안 이어진 강의 안에서 많은 분들이 아픔을 치유하고 다시 일어설 힘을 얻었습니다.

농심의 상처는 깊었지만 그럼에도 길을 잃은 직원들은 방황을 멈추고 손에 책을 들기 시작했습니다. 사내 도서관에 수많은 직원들이 몰려들었습니다. 그 모습을 바라보고 저는 농심의 희망을 읽었습니다. 아직 농심은 무너지지 않았다고 생각했습니다.

사실 진정한 독서경영이란 일시적으로 책을 직원들에게 선물하는 것보다는 책을 읽고 싶도록 환경을 만들어주는 일입니다. 즉 직원들이 스스로 책을 통해 자신의 성장 잠재력을 깨닫고 경쟁력을 높여보겠다는 동기를 부여하는 일인 것이지요.

생쥐깡 파문 이후로 농심의 독서클럽은 오히려 단연 모범 중에 모범으로 우뚝 섰습니다. 엄청난 위기의 파고가 지나간 지금도 농심의 R&BD(리서치&사업기획) 팀원들은 매주 목요일에 세미나실에 모여서 독서토론을 진행합니다.

한 시간 정도 각자 책에서 느낀 점을 발표한 다음, 그것을 업무에 적용하기 위한 방안을 토론합니다. 배운 것을 진정한 지식으로, 또다시 그것을 현장으로 이어가는 진정한 독서경영을 실천하고 있는 셈이네요.

농심이 이런 독서클럽을 본격적으로 운영하기 시작한 건 2008년부터입니다. 필요한 책은 아낌없이 회사에서 제공하고, 모임을 했습니다. 이렇게 같은 책을 읽고 토론하다 보면 직원 간에 유대와 이해가 자라나고 창조력이 커진다는 손 욱 회장님의 지론이 만들어낸 기적이었습니다.

하지만 강제는 절대로 아닙니다. 모임을 얼마나 자주 열지, 어떤 방식으로 운영할지는 팀장이 모두 결정합니다. 어떤 팀은 일주일에 한 번씩 하기도 하고, 한 달에 1회, 분기에 1회씩 여는 팀도 있습니다. 읽을 책을 고르는 것도 자유입니다. 자발적으로 읽을 수 있다는 것

때문인지 직원들의 반응도 좋습니다. 읽고 내용을 정리하는 데만 적어도 3~4시간이 들지만 전혀 귀찮지 않다는 분들이 많네요. 오히려 책을 통해 서로 몰랐던 부분도 알고 회의와는 다르게 발언도 자유로워서 아이디어도 샘솟는다고 합니다

독서토론 모임 효과는 곧바로 회사 경영 실적에도 나타납니다. 한 예로 신제품 개발 기간을 줄인 것도 바로 독서토론의 힘이었지요. 아무리 히트상품이 많아도 기업은 늘 새로워야 합니다. 농심도 마찬가지였습니다. 새우깡과 신라면 같은 대 히트상품이 있었지만 그럼에도 항상 신제품 연구를 소홀히 하지 않습니다.

하지만 여러 연구 부서를 조정하고 총괄해서 비용을 줄이고 시간을 단축시키는 일은 결코 쉽지 않습니다. 그래서 이 부문을 맡고 있는 R&BD 팀에서는 『일곱 가지 신제품 개발 황금법칙』, 『4세대 혁신』, 『제3세대 R&D 그 이후』 등의 책을 읽고 초일류 기업들의 연구 개발 과정을 공부했습니다. 그리고 여기서 배운 프로젝트별로 연구 조직을 만드는 방식을 착안해 기획, 연구, 생산, 마케팅으로 따로 분리됐던 연구조직을 하나로 합친 다음 프로젝트별로 다시 나누어서 연구개발 과정에서 낭비할 수 있는 시간과 물자를 최대한 줄이는 데 성공했습니다. 2007년 평균 9개월이었던 신제품 개발기간이 2009년에는 평균 6개월까지 줄어들었기 때문입니다.

농심의 독서경영은 여기서 그치지 않습니다. 프로그램 지원에도 열심이라 노동부 지원을 받아 매달 한 번 책을 신청해 읽고 독후감을 제출하도록 하는 독서대학도 만들고, 직무관련 도서 외의 문학, 역사, 철학도서 위주로 운영하는 '문사철' 과정도 만들었습니다.

세상을 지배하고 이끌었던 대부분의 훌륭한 리더들은 책을 사랑하는 사람들이었습니다. 이들은 많은 사람들과의 대화뿐만 아니라 책을 통해 인생과 경영 그리고 정치의 법칙을 읽어냈습니다.

책을 통해 위기를 극복한 아름다운 도전, 그 선두에 우뚝 선 농심에 찬사와 격려의 박수를 보냅니다.

05

선진그룹 -
책에 반 미치고 일에 반 미쳐라

전경련 총동문회 27대 회장을 역임 하신 박성수 회장님은 (주)선진을 경영하고 계십니다. 선진은 서울, 천안, 당진, 아산 공장에 이어 중국 연태에까지 공장이 있는 커다란 회사입니다. 자본금 2,700만 원으로 어떻게 그렇게 기업을 크게 키웠냐는 질문에 박 회장님은 항상 말씀하십니다.

"책에 반 미치고, 일에 반 미치면 됩니다."

박 회장님이 있는 곳에는 항상 책이 있고 음악이 있습니다. 그리고 선진그룹에 독서의 꽃을 피워 올리던 2009년 5월 30일, 많은 직원들이 강당에 모였습니다. 직장인들이 가장 좋아하는 토요일 오전, 모두들 놀러가는 이 귀한 시간에 박성수 회장님께서 '책과 놀자' 고 선포하신 것입니다. 제 강의가 끝나고 나자 회장님께 말씀하셨습니다.

"앞으로 한 달에 두 번, 토요일 오전에 독서클럽을 진행할 것입니다. 일은 두 번째, 독서가 첫 번째입니다. 일은 소홀히 해도 좋습니다. 하지만 책읽기는 철저해야 합니다. 만일 제가 책을 읽지 않았다면 아직도 트럭 운전기사를 하고 있을 것입니다. 오늘의 선진그룹을 만든 것은 독서의 힘입니다. 독서는 회사를 위해서가 아닌 여러분 자신을 위해서 읽어야 합니다. 여러분이 선진을 그만두고 나갈 때 독서의 힘으로 무한히 성장해 있었으면 합니다."

그 말을 곁에서 듣고 있는데 심장이 떨렸습니다. 저 역시 책을 읽으면 그 책이 나를 이끌어 준다고 믿기 때문입니다. 과거에는 저도 살기 위한 몸부림으로 책을 들었습니다. 책이 아니었으면 저는 이웃집 가정부를 하고 있었을지도 모릅니다. 그리고 단순히 책이 좋아 읽기 시작했는데 세월이 지난 후 저를 보니 놀라운 모습으로 성장해 있었습니다. 저 스스로 감동해서 현실을 확인하곤 합니다. 이 놀라운 성과를 혼자만 알고 있기에는 너무 아까웠습니다. 저도 많은 사람들에게 이 독서의 힘을 진정으로 전하고 싶어서 독서경영 일을 시작했습니다.

마찬가지로 박성수 회장님의 삶에도 늘 책이 있었습니다. 서울 사무실, 천안 사무실, 당진 사무실 가는 곳곳에 책이 놓여있습니다. 심

지어 자동차 안에도 책이 있고 이동이 많은 회장님은 차 안에서 틈틈이 독서에 몰입하십니다. 자동차에 즐비하게 있는 책들을 보면 마치 이동식 도서관을 연상케 합니다. 사무실 한 켠에 집중을 하기 위해 조그마한 미니 서재를 만드신 것도 인상 깊었습니다.

나아가 선진은 사무실 1층에 도서실을 꾸미기로 했습니다. 물론 책은 우리 한국독서경영연구원에서 모두 코디하기로 했습니다. 책이 없는 텅 빈 공간에 가득 채워지게 될 책들을 생각하니 가슴이 뛰었습니다. 직원들이 스스로 책을 들게 하는 유혹하는 책읽기 방법을 가감 없이 전수하고 싶었습니다.

결국 우리는 매월 첫 번째, 세 번째 토요일은 독서 코칭을 진행하기로 했습니다. 이는 직원들의 경쟁력이 기업의 경쟁력이고, A급 인재를 A+인재로 만드는 길에 독서경영이 필요하다는 것을 알았던 박 회장님의 배려 덕분이었습니다. 강연장을 체크하고 빔 프로젝트, 스크린 등을 습관처럼 점검하는데 박 회장님이 언제나처럼 먼저 와 계셨습니다. 처음에는 너무 근엄해서 늘 조심스럽기만 했던 회장님이었습니다. 이른바 '호통경영'의 대가라고 할까요?

실로 박 회장님은 『일본전산 이야기』의 주인공 나가모리 회장과 닮은 점이 너무 많습니다. 흔히 호통경영의 뒤안길에는 깊은 직원 사랑이 숨어 있는 경우가 많습니다. 처음에는 엄하지만 시간이 지나면 그 안에 숨겨진 사랑의 전해지는 그런 경영 말입니다.

이 같은 직원들에 대한 애정, 나아가 책에 대한 애정이 만들어낸 홀륭한 강연 자리에 초대를 받았다는 것이 너무 기뻤습니다. 시간이 흐르자 직원들이 하나둘 강당에 모이기 시작했습니다.

무엇보다 즐거웠던 것은 이곳을 찾은 직원 분들 모두가 한결같이 책을 손에 들고 오셨다는 것이었습니다. 많은 기업들에 독서 코칭을 갔던 저이지만, 책을 직접 손에 들고 강의장에 들어오는 수가 전체의 50%를 넘기는 것을 잘 보지 못했습니다. 그런데 선진 직원들은 단 한 사람도 책을 들고 오지 않는 사람이 없었습니다.

역시 무섭습니다. 리더의 힘은 결코 먼 곳에서 발휘되는 것이 아닙니다. 직원들의 가까운 곳에서 솔선수범하는 리더의 강력한 의지가 직원들의 행동을 변화시킵니다. 직원들은 리더의 말이 아닌 행동을 따른다는 진리를 알 수 있습니다.

선진의 박 회장님은 이제 책이 읽고 싶어 자다가도 벌떡 일어나신다고, 주문한 책이 도착하면 책 내용이 너무너무 궁금하다고 하셨습니다. 그리고 무엇보다도 직원들도 자신처럼 책에서 행복을 느끼면

좋을 텐데 하는 마음이 간절하셨습니다. 그리고 첫 주 강의에서는 "일은 대충 하더라도 책 읽기는 철저히 하라."고 하시더니 이번에는 "책에 반 미치고, 일에 반 미쳐라."는 명언을 남기셨습니다.

실제로 박 회장님께서는 한 달에 10여 권의 경영·인문 등의 책을 읽으십니다. 최근에는 『일본전산 이야기』를 3번 반복해서 읽고 난 뒤에 전경련 IMI GAMP 독서클럽에서 멋진 발표도 하셨습니다. 책 속의 경영철학을 본인의 기업에 철저히 적용하려는 고민의 흔적들을 그대로 보여주셨습니다. 뼛속 깊이 씹으면서 읽고 펜으로 정리한 내용을 손수 컴퓨터 자판으로 다시금 정리하셨더군요. 읽으면서 한 번 느끼고, 정리하면서 한 번 더 깨닫고, 마지막으로 발표를 통해 그 지식과 느낌을 체화하는 과정이 몸에 밴 것입니다.

여느 때처럼 강의를 마치고 직원들은 조별 토론에 들어갔습니다. 모두 14개조였는데 다들 도란도란 둘러 앉아 이야기꽃을 피우기 시작했습니다. 때로는 웃음의 꽃이, 때로는 심오한 꽃이 피기도 하는 독서토론 현장입니다. 저는 이곳저곳을 다니면서 이분들의 토론에 귀를 기울였는데 말 그대로 가슴 속에 잠만 자고 있던 언어들과 아이디어들이 쏟아지는 순간이었습니다. 그런 뒤 다시금 박수로 자리를 정리한 뒤 팀 리더가 조별 토론에서 나눈 이야기를 간단하고 명쾌하게 메시지로 정리해 나누는 시간을 가졌습니다. 그 목소리들에서 느껴지는 강한 의지를 감지하고, 저는 이들이 책을 읽으면서 하루하루 진정한 자아를 발견하고, 과거와 현재를 보고 미래를 예측하고 있음을 알 수 있었습니다.

마지막으로 토론을 정리하시던 박 회장님의 마무리 말씀이 귓전을 울립니다.

"여러분, 우리 회사에 오래오래 다니십시오. 그만둔 사람은 크게 후회하는 멋진 회사로 만들 것입니다. 여러분이 이 회사에 다니면서 가장 많이 성장하는 시간이 되기를 진정으로 바랍니다."

독서 코칭을 마치고 돌아오는 길에 하염없이 장맛비가 쏟아져 내렸습니다. 시원하게 내리는 빗소리가 마음을 시원하게 씻어주는 듯했습니다. 강의를 마치고 돌아오는 길, 마음 한켠에는 희망이, 다른 한켠에는 와자지껄했던 토론장을 빠져나와 또다시 혼자가 되어야 한다는 고독감이 몰려들었습니다. 그래서 신은 우리 인간에게 왼쪽 오른쪽 두 개의 가슴을 만들어주신 모양입니다.

서서히 독서의 뿌리가 내리고 있는 선진에서 건강한 싹이 나고 잎이 무성히 피어나길 소망해 봅니다. 언젠가는 모두들 무성한 지식의 숲 속에서 쉬어가고 얻어가기를 바라는 마음입니다. 마지막으로 사

무실에 돌아오자 선진 직원 분의 감사 글, 저에게는 소중한 선물 같은 메시지가 홈페이지에 올라와 있더군요. 이런 글을 읽으니 새벽부터 쌓인 피로를 모두 날려 주었습니다.

홍 원장님, 안녕하세요?

지난번 독서 강연은 가슴을, 오늘 선진정공 독서 코칭은 마음을 열어주었습니다. 저는 가족과 떨어져 혼자 있어야 하는 고통 때문에 회사를 그만두려고 했었습니다. 하지만 원장님 덕분에 이제는 독서에 대한 매력과 열정에 푹 빠져 그만둔다는 생각을 접게 되었고, 이제 내가 만들어가는 회사를 키우고자 하는 목적의식이 생겼습니다.

스스로의 변화를 꿈꾸며 당당하게 세계시장의 영업력을 키우는 준비를 이미 시작했고, 가까운 시일 내에 포스코 회사를 벤치마킹할 수 있는 자리가 되었으면 하는 작은 바람을 가져 봅니다.

- 선진정공을 사랑하는 사람이

안녕하세요

다이애나 원장님!!

지난 1년을 회고하는 사진을 비추어 주신 덕에 가슴 찡함, 애써 주룩 눈물이 핑도는, 그런 모습을 누가 볼까 이내 감추며 주마등 같은 시간들…홀쩍 흘러갔습니다. 내 인생의 조금도 아깝지 않은 시간들, 회장님에 대한 고마움, 더불어 원장님과의 만남 덕에 더욱 값진 한 해였습니다. 감사합니다.

처음 강의 때 4야 '반해야, 미쳐야, 웃어야, 놀아야'를 강조했던 기억이 납니다. 상대방과 대화할 때 끄덕끄덕 상대를 인정해야 한다는 것, 그리고 「일본전산」책을 통해서 "우리는 할 수 있다, 반드시 한다, 즉시 한다, 될 때까지 한다." 라고 구호를 외쳤던 기억들, 눈사람 마커스에서 스승 바나바스와 그의 부인 아일리스 가족의 희생을 통한 멘토링 등등.

어떨 때는 웃고 울고 했던 한 해였던 것 같습니다. 다시 한 번 감사드려요. 마지막 점심식사 샤브샤브에서 우렁차게 열정과 사랑을 건배했던 모습들. 지난 한 해의 기운을 듬북 받아 올해는 꿀맛같은 일을 즐기면서 하렵니다. 벌써 시작이 반이라고 1월도 중반입니다. 2월의 독서코칭을 기다리면서…찌야요.

2010년 1월 19일 12회차 독서코칭을 마치고 당진임

06

포스코 플랜텍 - 책갈피에서 피어나는 독서 아이디어

"세계 최고를 지향하는 포스코 플랜텍 ○○○입니더."

"아, 네 세계 최고를 지향하는 포스코 플랜텍 ○○○님 반갑습니다."

"원장님 별일 없으시지예?"

경상도 사투리가 정답습니다.

"네, 팀장님도 잘 계시지요?"

"원장님, 제가 또 하나 아이디어를 냈습니더."

"와, 멋진데요. 뭔가요?"

"독서경영 잘하려면 이벤트가 필요한데, 매월 독서 퀴즈를 내서 우수 시상을 하기로 했거든예."

"멋집니다! 잘~ 하셨습니다."

"그런데 그 독서 퀴즈는 매달 독서 코칭하시는 원장님께서 만들어 주시면 안 될까예?"

"네~! 얼마든지 해드리겠습니다."

포스코 플랜텍에서는 이렇게 해서 재밌고 새로운 독서 프로그램을 만들었습니다. 바로 독서아카데미의 활성화를 위한 '도전! 독서왕' 과 '해피 타임(Happy Time)! 독서 산책' 제도입니다. 도전 독서왕은 매월 선정된 책에 대한 내용을 퀴즈로 낸 다음 우수한 성적을 거둔 사람에게 상품권을 지급합니다.

또한 해피 타임 독서 산책은 매일 12시 40분부터 30분간 이어지는 데요. 이때는 사내방송을 통해 클래식 음악과 함께 독서 분위기를 조성해 주는 형태로 진행됩니다. 마치 이종환의 '별이 빛나는 밤에' 라는 프로그램처럼요.

언제나 전화를 걸 때마다 "세계 최고를 지향하는 포스코 플랜텍" 이라고 말하는 이곳의 직원 분들을 보면 모든 게 말대로 된다는 말이 떠오릅니다.

앞으로 세계 최고가 될 포스코 플랜텍입니다. 실로 포스코 플랜텍이 현재 제가 코칭하고 있는 기업 중에 으뜸인 기업이기도 합니다. 그들만의 독서아카데미의 5가지 비법을 알려 드릴까요?

하나, CEO인 조창환 대표께서 먼저 솔선수범합니다. 독후감도 항상 맨 먼저 제출하시고 독서 코칭이 있는 날이면 항상 빠지지 않으십니다. 직원들의 발표도 모두 가슴으로 새겨듣습니다. 마무리 인사말과 총평까지 멋지게 해주십니다.

둘, 교육 담당자인 OOO팀장님과 OOO과장님의 열정과 주인 마인드도 아주 대단합니다. 주말도 내 일처럼 교육의 열정을 불태우시는 모습을 보면서 많이 놀랐습니다. 두 분은 12시 이전에 퇴근한 적이 많지 않다고 하십니다. 그런데도 모든 것을 즐겁게 하는 모습에 더 놀랐지요.

셋, CEO, 교육 담당자, 그리고 코칭을 하고 있는 저의 삼박자가 찰떡궁합입니다. 커뮤니케이션이 원활하니 진행이 순조롭습니다. 코칭을 하는 제게는 무엇보다도 큰 힘입니다.

넷, 직원들의 참여도가 월등히 높습니다. 코칭 시간은 이들의 마음이 하나 되는 시간입니다. 물론 처음에는 "40년을 책 안 읽고도 잘 살았는데 이제 와서 무슨 책이냐, 일만 잘하면 되지." 하는 불만의 목소리도 들려왔습니다. 하지만 책을 읽는 분위기가 차츰 자리 잡으면서 이분들의 차갑게 닫혔던 마음의 문이 열리기 시작했습니다.

다섯, 철저한 시스템입니다. 책을 읽고 코칭을 받은 모든 직원들이 자신의 생각과 느낌을 홈페이지 독후감 방과 아이디어 방에 차곡차

곡 쌓고 있습니다. 그중에 좋은 아이디어는 시상도 하고, 해당 부서에서 실행하기도 합니다.

포스코 플랜텍 독서 코칭을 마치고 돌아오는 발걸음은 언제나 가볍습니다. 마치 정겨운 고향집을 다녀온 아이처럼 푸근함도 느껴지는데, 그걸 보니 어느새 저도 포스코 플랜텍 가족이 되었나 봅니다. 포스코 플랜텍은 2010년 1월 1일 포철산기와 포철기연이 합병하여 새롭게 탄생한 회사입니다.

당시 포철산기문화와 포철기연문화는 여러모로 많이 달랐지만 한마음 한 가족이 되는 데 그리 오랜 시간이 필요치 않았습니다. 그 첫째는 CEO의 탁월한 리더십 덕분일 것이고, 둘째는 책으로 소통하는 문화를 만들었기 때문이지요. 모든 직원들이 같은 책을 읽고 같은 생각을 공유하고 한 방향을 바라보는 책읽기 문화가 색깔이 다른 두 회사의 문화를 하나로 엮어주는 다리가 된 것입니다.

포스코 플랜텍은 매월 두 번째 주 금요일 오후 5시가 되면 일 대신 책을 손에 듭니다. 서울, 인천, 포항, 광양 모두가 책으로 소통하는 시간을 가집니다. 주로 포항 본사에서 생방송으로 진행되고 다른 지역은 영상으로 함께 합니다. 처음에는 영상 강의가 익숙지 않았는데 몇

번 반복하다 보니 이젠 흥미진진해졌습니다.

"인천 나오세요, 인천은 열정의 도가니네요, 멋집니다!"
"광양은 어떤가요? 와글와글 도란도란 웃음소리 좋은데요?"
"서울은 오늘따라 너무 진지하군요!"

인천에서 책 속의 아이디어를 영상으로 발표하면 전국에서 힘찬 박수를 보냅니다. 여기에는 더 이상 부서 간의 벽도, 계층 간의 벽도, 직원들과의 보이지 않는 갈등의 벽도 없습니다. 모든 것을 책으로 소통합니다. 처음에는 발표자도 질문자도 많지 않았고 서먹하기도 했습니다. 그러나 1년이 지난 지금은 아주 활발한 의견 교환이 이루어집니다. 직원들의 경청하는 모습, 추임새도 아주 좋습니다.

반기에 한번씩 포스코 플랜텍은 직원과 가족 그리고 시민과 함께하는 독서음악회 행사를 진행합니다. 참으로 멋진 풍경이지요. 당시 프로그램은 독서와 관련한 1교시와 음악과 관련한 2교시로 이루어졌는데 2교시는 에코뮤직패밀리의 문화예술공연이 있었고, 1교시는 독서코칭이었습니다. 이 독서음악회는 책을 별로 좋아하지 않는 직원들을 어떻게 하면 손에 책을 들게 만들까를 고민하다가 나온 신선

한 아이디어였습니다. 책은 좋아하지 않아도 음악은 즐기는 우리 민족성을 잘 활용한 것이지요.

토요일 오전 많은 직원 분들이 가족들과 손을 잡고 포스코 인재개발원에 모였습니다. 독서 강의를 먼저하고 음악회가 이어졌는데 가히 성공적인 작품이었습니다. 독서향기에 취하고 음악에 취하는 환상적인 분위기였습니다. 역시 독서와 음악의 환상적인 하모니입니다.

여기에 힌트를 얻은 전경련 IMI, GAMP 독서클럽에서도 독서음악회를 열었는데 멋진 성과가 있었지요. 평소 50~60명에 그쳤던 회원 수가 100여 명으로 대폭 늘어난 놀라운 성과가 있었습니다. 이에 포스코 플랜텍 인사교육 팀장님께 감사의 마음을 전합니다.

매달 두 번째 금요일이면 제 가슴은 설레입니다. 포스코 플랜텍을 만날 수 있기 때문입니다. 그날은 마음도 발걸음도 가볍게 포항행 비행기에 몸을 싣습니다. 포스코 플랜텍이 월드베스트가 되는 날까지 독서향기가 함께 합니다.

07

포스코 A&C - 1실 1클럽 상상독서, 포트리

포스코 A&C는 독서경영 기업의 최고 모범 기업 중에 하나입니다. 이 회사의 독서경영 3.0과 창의 독서 공간 포트리(POTRI) 등이 이미 여러 번 언론의 주목을 받았지요. 이처럼 포스코 A&C가 독서경영의 기틀을 마련한 것은 바로 창의와 소통에 대한 이규정 대표님의 강한 의지 덕이었습니다. 이규정 대표님은 "학습과 토론을 바탕으로 한 학습동아리를 활성화하기 위해서는 독서만큼 유용한 것이 없다."는 의견을 항상 강력하게 피력해 오신 분입니다.

이 회사에서 추구하는 독서경영 3.0은 재밌는 의미를 가지고 있습니다. 독서경영도 모두가 같은 것은 아닙니다. 기본적으로 독서경영은 창조성의 기본이 되는 독서를 동아리로 진행함으로써 그 창조성을 조직 전체에 확산, 공유해 조직 혁신을 꿈꾸는 일입니다. 그런데 포스코 A&C의 독서경영 3.0은 여기서 한 걸음 더 나아간 형태라고 할 수 있지요.

만일 독서 환경을 조성하는 독서경영을 독서경영 1.0이라고 하고, 독서 습관을 정착시키는 것을 독서경영 2.0이라고 한다면 독서경영 3.0은 이것에서 한 걸음 진보해 전문도서의 학습과 토론을 통해 경영에 실제적으로 응용할 수 있는 해법을 찾고 실행하는 것 모두를 의미하지요. 간단하게 도표로 표현하면 다음과 같겠네요.

독서경영 1.0 – 도입 단계로 사내 독서 환경을 마련

독서경영 2.0 – 사내 독서문화 정착

독서경영 3.0 – 다양한 아이디어와 혁신으로 성과로 연결

나아가 포스코 A&C는 이를 위해서는 몇 가지 조건이 필요하다는 것도 잘 알고 있었습니다. 우선 가장 먼저 필요한 건 쉽게 다가갈 수 있는 독서 공간이겠지요. 바쁘면 바쁠수록 책이 정말로 코앞에 있고 생활 속에 있어야 책갈피를 펼쳐들게 되니까요.

하지만 공간만으로는 또 부족합니다. 자연스럽게 독서를 권장하는 프로그램, 즉 시스템도 반드시 필요합니다. 또한 자발적으로 조직적

인 독서토론을 주도하는 독서 인재를 개발하고 동기부여를 강하게 실어주어야 합니다.

2009년 전경련국제경영원에서 강의를 갔을 때 유난히 눈빛에 열정이 가득한 한 CEO를 만났습니다. 바로 이 회사, 포스코 A&C의 이규정 대표님이었어요. 그는 전경련 강의가 끝나자마자 제게 회사의 독서경영을 도와달라고 요청하셨습니다.

그렇게 해서 저는 이곳에 독서경영 특강을 갔고, 그것을 시작으로 회사 전체에 독서경영을 선포했습니다. 포트리가 마련된 것도 바로 이때입니다.

포트리(POTRI)는 포스코 A&C의 전신인 포스에이씨(Pos-ac), 대화(Talking), 독서(Reading), 상상력(Imagination)의 각 첫 글자를 따서 만든 이름입니다.

여기서 트리(TRI)는 트리(Tree)와 동음이의어로 '나무 그늘 아래서 쉬면서 즐긴다.' 는 의미를 내포하고 있습니다. 그리고 이곳에 들어서면 이 귀여운 이름이 얼마나 잘 어울리는지를 알 수 있어요. 언뜻 기업의 독서 공간이라고 하면 딱딱하게 여기기 쉽지만 이곳은 아기자기하고 컬러풀한 공간 안에 책들이 책장에 꽂혀 있고 누구나 편안하게 이 쉼터에서 책을 읽을 수 있습니다. 상상력이 마구 자라날 것 같은 재미있는 공간입니다.

게다가 이 포트리가 직원들의 사랑을 받는 이유는 또 있습니다. 놀랍게도 이 포트리는 결코 먼 곳에 있지 않습니다. 직원 누구건 엘리베이터에 내리면 바로 이 공간으로 들어설 수가 있거든요. 즉 오가면서 얼마든지 보고 싶은 책을 구경하고 뽑아볼 수 있으니 접근성도 높아질 수밖에 없는 거지요. "아주 작은 공간으로 가장 큰 즐거움을 누리게 하고, 짧은 시간 동안 오랜 즐거움을 유지하도록 하는 것이 바로 포트리"라는 말이 잘 와 닿는 순간입니다.

출퇴근길, 식사 시간, 화장실 가는 길목에서 본인도 모르게 책의 향기에 이끌리게 되는 것이지요. 또한 직원들이 읽고 싶은 책을 신청하면 24시간 이내 구매하여 비치함으로써 직원들이 언제, 어디서나 책을 읽을 수 있는 환경도 포트리만의 자랑입니다.

이 독서 공간에서도 읽을 수 있듯이 포스코 A&C는 젊은 기업입니다. 첫 강의를 갔을 때 직원들의 평균 연령이 많이 젊어서 "와! 다들 싱싱해서 좋은데요." 농담을 하기도 했습니다. 강의 도중에도 그 젊음의 기운과 열정이 그대로 묻어났습니다. 잘 웃고, 끄덕이며, 공감하는 열린 마음이 인상적이었지요.

또 젊은 직원들의 열정은 거기에서 멈추지 않더군요. 책을 읽고 난 뒤 직접 서평이나 신간도서 소개 내용을 사내 홈페이지를 비롯해 엘리베이터, 게시판, 화장실 등 곳곳에 게시해 다른 직원들과 공유까지 히고 있었어요.

포스코 A&C의 또 하나의 책읽기 진수는 '1실 1클럽 상상독서클럽'에서 찾아볼 수 있습니다. 이 '1실 1클럽'은 직원들 간의 소통 공간을 마련하고 독서활동을 활성화하기 위해 리더급을 대상으로 실시했던 독서클럽을 전 직원으로 확대한 시스템입니다. 책을 통해서 마음껏 상상하라는 뜻으로 이름도 상상독서클럽이라고 지었지요.

이 독서클럽은 1실1클럽 형태로 수행됩니다. 이 독서클럽에서는 책 속의 좋은 글귀, 책에 대한 내 생각, 책을 통한 아이디어 세 부분으로 나눠 작성하고, 올려 진 서평은 독서토론회에서 소개되고 서로 좋은 의견을 공유합니다.

실별로 도서를 선정하고, 개인별로 온라인상에 독후감을 제출한 후 독서토론에 참석하는 프로세스까지 착착 갖추었으니 이 독서클럽은 단순히 느낀 점을 공유하는 걸 넘어서 업무에 적용할 수 있는 아이디어도 많이 나옵니다.

또 이렇게 공유된 아이디어로 실행 계획도 수립하고 VP보드에 기입해서 실 전체가 해당 내용을 실행하게 된다고 하네요. 월별/분기별 우수 독후감과 아이디어를 채택하는 시간도 두근두근합니다. 신나는 책읽기 프로그램과 모임이 이렇게 많으니 다들 이 시간이 되면 책읽기 친구로서 서로에게 활짝 마음을 열게 됩니다. 그건 이 자리에 함께 할 수 있는 제게도 신나는 일입니다.

매월 셋째 주 화요일마다 책 속의 아이디어가 춤을 추는 현장에서 직원들의 마음이 활짝 열리는 것을 목격하는 것은 보통 즐거운 일이 아니거든요.

이외에도 포스코 A&C의 전매특허인 '지식콘서트'도 소개해야겠습니다. 한 달에 한 번 수요일마다 포스코 A&C는 두근대는 심장 소리로 가득 찹니다. 다양한 분야의 저자들과 직접 만나 그들의 특강을 듣고 유명작가의 사인도 받을 수 있거든요. 평소 좋아했던 책의 저자, 궁금했던 분야의 책을 쓴 저자, 그저 한 번 만나보고 싶었던 저자, 한바탕 지식의 축제가 벌어지는 순간입니다.

『노는만큼 성공한다』의 저자 김정운 교수님도 오셨습니다. 창의에 대한 개념과 재미와 창조의 관계에 대해서 알아보는 시간을 함께 가졌지요. 『이기는 습관』이라는 책을 쓰신 전옥표 대표(위닝경영연구소)님도 이기는 습관과 마케팅의 노하우를 전달했고요. 그리고 저 다

이애나 홍도 이곳에서 『책 읽기의 즐거움』이라는 책으로 독서방법과 독서토론 방법을 강의를 진행했습니다.

물론 책읽기도 흥미진진하지만, 그 책을 쓴 사람의 육성에는 또 다른 감동이 있는 것 같습니다. 강의장에 가득 모인 사람들은 자신이 읽은 책의 저자와 소통하면서 더 굳게 독서의 열의를 다졌습니다.

이와 함께 포스코 A&C는 독서 통신교육이라는 새로운 시스템도 진행하고 있습니다. 직책 보임자에게는 리더십 역량을 향상할 수 있도록 커리큘럼을 짰고, 일반 직원에게는 프리젠테이션, 문제해결 스킬 등 기본 소양을 중심으로 한 다양한 교육들이 책을 통해 이루어지고 있습니다. 나아가 포스코 A&C는 미래 계획도 야심찹니다.

매월 신간 도서 70권씩을 늘려서 1,500여 권의 도서를 구비해 놓는다는 계획, 나아가 독서 참여율을 100% 끌어올리겠다는 계획을 갖고 있습니다. 또한 5월과 10월 열리는 '책 읽고 밑줄 긋기 대회'도 아주 재미있습니다. 여기서 선발되어 상을 탄 직원들의 얼굴에는 하나같이 함박웃음이 가득합니다.

이 대회는 자신이 선정한 책 1권을 선택하여 좋은 글귀, 가슴에 와 닿는 글귀 등에 밑줄을 그어서 추천 이유와 함께 제출하는 대회입니다. 제출한 책은 포트리에 비치해 모두가 읽게 하고, 장원과 입선 직원에게는 도서를 구입할 수 있는 도서상품권도 제공됩니다.

또한 6월과 11월에는 책읽기 아이디어 공모전도 있습니다. 책을 읽고 생각한 아이디어를 기획하여 제출하는 행사이지요. 제출한 아이디어 중 우수 아이디어를 선정하여 사장 표창 및 대상, 금상, 은상에게는 각각 소정의 상금이 수여됩니다.

이제 포스코 A&C 직원들에게 독서향기는 모든 회사 생활 속에 항상 깃들어 있는 향기가 되었으니 이 향기가 얼마나 더 큰 파장으로 회사 전체에 번져갈지 사뭇 기대가 되는 순간입니다.

08

포스코 강판 -
독서토론 현장의 웃음소리,
책으로 소통한다

포스코 강판하면 생각나는 '위트, 웃음, 순수함, 배려, 존중, 도란
도란' 같은 단어들, 무엇보다도 독서토론 시간이 되면 와글와글 톡톡
튀는 아이디어와 여기저기서 터져 나오는 웃음소리, 저는 그 소리가
참으로 정겹습니다. 마치 고향 동창생 모임에 온 듯한 느낌이지요.

포스코 플랜텍에 독서 코칭을 간 날, 이웃에 있는 포스코 강판 박
차장님이 견학을 왔군요. 독서에 대한 열정을 박 차장님의 눈빛에서
충분히 느낄 수 있었습니다.

독서코칭이 끝나자 박 차장님이 다가와 말씀하셨습니다.

"원장님, 저희 회사도 독서경영 시작하려는데 좀 도와주세요."

"아, 네 반가워요. 물론이지요."

"직원들이 책을 별로 좋아하지 않는 데 가능할까요?"

"그래서 전문가의 도움이 필요한 것이지요. 걱정 마세요."

"그럼 다음 달부터 시작하도록 기획안을 올리겠습니다."

"제가 사내독서대학 프로그램을 보내드리도록 하겠습니다."

"네, 감사합니다. 원장님 자주 뵙도록 하겠습니다."

이렇게 시작된 포스코 강판 독서코칭은 매달 월 1회 지정된 날 진
행됩니다. 포스코 강판 직원들은 유머감각이 뛰어납니다. 덕분에 독
서 코칭하는 날은 여기저기서 웃음꽃이 피어납니다. 책갈피에서 나
오는 명문장들이 웃음을 만들고 아이디어를 만듭니다.

매번 독서코칭을 가면 제일먼저 이귀종 이사님께서 환하게 웃으며
맞아주십니다.

"원장님 지난번 주신 『독서향기』 정말 잘 읽었습니다."

"그래요, 고마워요."

"그 책에서 한 가지 도입했습니다. 한번 보여드릴까요?"

"좋지요? 궁금한데요."

"이쪽으로 오세요. 제 작품입니다. 비비불 미인대칭"

카네기 정신이었습니다.

"와아, 정말 멋지네요."

"우리직원들이 아침마다 VP시간에 비비불 미인대칭 외치고 시작합니다."

"잘~~하셨습니다. 짝짝짝."

처음 독서코칭 할 때 집중적으로 강조하는 것이 하나 있습니다. 그것은 바로 추임새입니다. 누가 무엇을 어떤 내용으로 발표를 하건 무조건 멋진 추임새를 넣어주는 것이지요. 발표하는 사람이 신나게 할 수 있도록 맞장구를 쳐주는 훈련을 합니다. 이는 참으로 놀라운 변화를 가져옵니다. 발표 경험이 없는 대부분의 직원들의 멋쩍은 마음을 달래주는 특효약입니다. 포스코 강판 직원들은 추임새의 달인들이지요. 그런 까닭에 발표와 토론이 활발합니다.

조준길 대표님은 되도록 직원들에게 책에 대한 부담감을 주지 않으려 하십니다. 편안하고 행복한 독서를 할 수 있는 분위기를 늘 강조합니다. 회사를 위하기보다는 우선 자신을 위하고 가정을 위해서 독서향기를 나누라고, 그래야 진정한 독서문화가 꽃핀다고 강조합니다.

▌포스코 강판의 독서경영은?

한국독서경영 연구원과 포스코 강판 대표이사, 임원, 직원이 의논
하여 도서를 선정한 후 자유롭게 읽습니다. 매월 1회 다이애나 홍의
독서코칭을 받으며 독서토론을 합니다. 그 시간은 머리가 아닌 가슴
으로 만나는 시간이지요. 서울 사무소와 포항 본사를 돌아가며 코칭
을 하는데 독서토론하는 날은 책으로 한마음이 됩니다.

직원들이 자유롭게 읽을 수 있는 도서 1권과 정부 지원 독서통신교
재 1권 한 달에 2권으로 독서의 열정을 꽃피우고 있습니다.

포스코 강판 입구에는 '금연회사' 라는 팻말이 붙어 있어요. 직원들
100%가 금연이라는 것도 포스코패밀리의 특징입니다.

09

서울대 AIP 독서클럽 -
독서와 우정이 만나
지식의 숲을 이루는 곳

때때로 사람을 만나면 '저 사람과는 오래 함께 가고 싶다.' 는 생각을 하게 될 때가 있지요? 그런 사람을 만나면 더 조심하게 되고 예의를 갖추게 됩니다.

저에게는 서울대 AIP 독서클럽 분들이 그랬습니다. 서울대 AIP 독서클럽에서 회장단 단합대회를 갔다가 클럽의 회장이신 이 회장님께 물었습니다.

"회장님 요즘 무슨 책 읽고 계세요?"

"『마인드 맵 북』라는 책을 읽고 있습니다."

"아, 제가 아직 못 읽은 책이네요."

그러자 회장님은 자연스럽게 말씀하셨습니다.

"한 번 읽어보고 괜찮으면 다음 달에 그 책으로 독서토론을 해볼까요?"

그 말이 그렇게 반가울 수 없었습니다. 이 회장님은 저를 만나기 전에도 한 달에 10권 정도를 꾸준히 읽는 독서가였지만, 저에게서 DH 독서법을 전달받으신 이후부터는 한 달에 20권으로 독서량이 늘었다고 합니다. 이날 우리는 서울대 AIP 독서클럽을 훌륭하게 이끌어가기 위한 여러 의견들을 나누었는데 같이 보실까요?

1. 좋은 독서문화를 위한 좋은 책 선정
2. 진지한 독서토론을 위한 '뼛속깊이' 책 읽기
3. 독서토론을 통해 스피치 스킬 향상
4. 언제나 회장단이 솔선수범. 배려의 아름다운 꽃을 피우자.
5. 상반기 하반기 명사 초청 특강
6. 회원들의 마음을 하나로 모으는 독서클럽 워크샵 진행
7. 회원들에게 책을 읽어야 한다는 부담 주지 말자.
8. 열심히 참여하는 회원 아낌없는 포상
9. 대한민국 최고의 '명품독서클럽' 으로 발전시키자.
10. 독서와 우정의 꽃으로 지식의 숲을 이루자.

　이 밖에 크고 작은 대화의 조각들이 서로의 가슴을 오고가면서 창조적인 대화를 이어갔습니다. 그리고 대한민국 최고의 '명품 독서클럽' 이라는 말이 어울리는 독서클럽의 발전을 도모해야겠다는 결심을 했습니다.

　사실 서울대 AIP 독서클럽도 처음부터 승승장구한 것은 아니었습니다. 어떤 조직이나 그렇듯이 이 독서클럽도 처음에는 참으로 외롭고 추웠습니다. 서울대 AIP 독서클럽을 만들기 위해 농심의 손욱 회장님을 찾아갔을 때는 날씨마저도 추운 겨울이었지요. 홀로 고민했던 것을 고독하게 품고 회장실의 문을 두드릴 때만 해도 과연 이것이 현실로 이루어질 수 있을까 우려 반 걱정 반이었습니다. 하지만 회장실에 들어서는 순간, 그 우려는 모두 날아가 버렸습니다. 따뜻한 미소로 반겨주신 회장님의 기운 덕분이었습니다.

　회장실의 벽면에는 책들이 가득했고 우리는 곧바로 책 이야기로 대화의 꽃을 활짝 피웠습니다. 책 이야기가 오가면서 금방 마음도 하나가 되었습니다. 얼마 후 저는 좋은 책과 좋은 사람들이 함께 모여 독서클럽을 운영하면 어떻겠냐는 서울대 AIP 독서클럽의 제안서를 보여 드렸습니다. 그러자 회장님도 "참 좋은 아이디어입니다."라며 응원의 말씀을 주셨지요.

　그로부터 6개월이 지났습니다. 믿음과 응원의 힘은 참으로 대단합니다. 우리는 먼저 큰 일은 혼자 이룰 수 없음을 알고 좋은 동지를 찾기 시작했습니다.

독서광 이창욱 회장((주)멀티웨이브 대표이사, 현 서울대 AIP 독서클럽 회장)과 이헌구 대표((주)대림시스템 대표이사, 서울대 AIP 독서클럽 수석부회장)가 가장 먼저 앞장서주었습니다. 그렇게 함께 하니 가속도가 붙더군요. 서울대 AIP를 수료한 분들 중에 진심으로 책을 좋아하는 원우들이 한 분 한 분 모여들기 시작했습니다. 처음에는 12분 정도였고 점차 20여 분을 넘어서더니 이제는 무려 50분이 되었습니다. 처음 목표 인원 50명을 다 채운 셈이었습니다.

목표를 50명으로 잡은 것은 너무 인원이 많으면 토론에 어려움이 있기 때문이었습니다. 그리고 이렇게 모여든 진정으로 책을 좋아하는 분들의 독서토론 시간은 언제나 뜨겁기만 합니다. 그 뜨거운 독서토론이 원우들의 마음을 하나로 엮어주는 것은 물론이고요.

책으로 하는 소통은 수많은 소통 중에서도 가장 지름길입니다. 매달 한 번 만나 책 이야기와 사는 이야기를 함께 나누는 우리는 참으로 축복받은 사람들이 아닐 수 없습니다.

2009년 가을, 서울대 AIP 독서클럽에서 가을 독서여행을 떠났습니다. 마치 수줍은 처녀의 설렘 같은 마음을 품고 여수행 비행기에 몸

을 실었습니다. 이번 독서여행은 첫날은 배우고 둘째 날은 즐기고 돌아오자는 모토였습니다.

모두가 모이면 누가 먼저랄 것도 없이 서로를 웃게 만들곤 했습니다. 이창욱 클럽 회장님은 입가에 늘 웃음꽃이 해바라기처럼 피어 있습니다. 공항 로비에서도, 식당에서도, 비행기에서도, 버스에서도 다들 배꼽이 빠질 것처럼 웃음 바이러스에 취하게 만듭니다. 실제로 책을 많이 읽는 사람들에게는 공통점 두 가지가 있습니다. 하나는 적재적소에 폭소를 자아내는 유머 감각이고, 둘째는 순간순간 탁구공처럼 통통 튀는 센스입니다. 이 두 개의 기둥이 여행 떠나는 좋은 기분을 도둑맞지 않게 잘 지켜주더군요.

공항에 도착하니 마중 나온 조병철 그룹장님 역시 환하게 웃고 있습니다. 조 그룹장님도 역시 다른 분들처럼 지독한 책 사나이입니다. 이렇게 책이 좋아 함께 모인 우리가 가을 독서여행에서 선택한 여행지는 바로 글로벌 기업 포스코였습니다. 그날만큼은 책을 덮고 체험독서를 하기로 한 것입니다.

우리는 첫 번째로 손욱 농심 회장님의 『십이지 경영학』 특강을 통해 선조들의 지혜를 배웠습니다. 농심의 혁신은 포스코의 혁신과 닮은 점이 많았습니다. 한 방향과 한 마음의 조직문화가 혁신의 꽃을 피워 올렸습니다. 포스코의 심장인 현장으로 발길을 옮겼습니다. 방문을 환영하는 꽃다발을 안겨주는 포스코 사람들의 가슴이 겨울 추위를 녹이는 따뜻한 눈사람처럼 다가왔습니다. 로비에는 너울너울 나비처럼 춤추는 형형색색의 그림들과 아름다운 시, 시화전이 열려서 이곳이 공장인지 예술의 전당인지 헷갈릴 정도였습니다.

게다가 2층으로 올라가니 깜찍하고 앙증맞게 꾸며진 도서 룸까지 있었습니다. 그곳에는 책갈피의 속삭임이 소리 없이 들려오고, 아늑하고 편안해서 오래도록 머물고 싶어지는 곳이었습니다. 어떻게 철을 다루는 쇠사나이들의 가슴에서 이런 낭만적인 공간 설계가 나올 수 있었을까요?

그런 모습을 보니 포스코인들은 일을 하기 위해서라기보다는 꿈을 키우기 위해 출근하는 사람들 같았습니다. 나아가 삶을 즐기고 책을 즐기는 이분들의 태도는 일을 할 때도 고스란히 드러납니다. 글로벌 넘버원 자동차 강판 회사의 비전을 위해 미세한 분자까지 불량 제로화를 위해 박차를 가하는 블랙박스 안의 연구실 풍경을 보고 그것을 느낄 수 있었습니다.

흔히 포스코인들의 연구에 대한 열정을 "우주인이 달나라에 가는 것보다 열심히 한다."고 말하는데 그 말이 실감났습니다. 사무실 벽을 가득 메운 VP(Visual Planning)이 꽃처럼 형형색색 아름답게 피어

있었습니다.

　이 비주얼 플래닝은 그날 해야 할 일을 미리 정해서 낭비 없는 업무를 수행하기 위한 일종의 설계도입니다. 여기에는 시급성과 중요성을 고려해 그날의 업무를 빠뜨리지 않고 적기에 최소 투입으로 최고 성과를 창출할 수 있는 포스코만의 업무 설계입니다. 실제로 이 설계는 다기능화, 업무 몰입도 증가, 여유 인력 확보 등의 측면에서 그 높은 효율성이 입증되고 있었지요. 들어보니 우리 국내의 많은 기업에서 이 VP를 벤치마킹하기 위해 포스코를 견학하고 갔다고 합니다. 매일 아침 8시 30분이 되면 전직원들이 VP 포드판 앞에서 스탠드 미팅을 한다고 하니, 가히 엄청난 장관일 것입니다.

　다음으로 찾아간 곳은 포스코의 핵심, 바로 학습 동아리였습니다. 이 학습 동아리들은 시간과 공간을 초월한 포스코만의 커뮤니케이션 통로였습니다. 칭찬하고 응원하는 동아리의 댓글들이 서로를 안아주고 격려해주는 어머니의 품이 되고 있었습니다. "자주관리", "식스시그마", "와글와글 토론", "조찬모임", "이슈토론", 그리고 무엇보다도 "독서토론"이 포스코에서는 혁신을 위한 아이디어 제조 공장으로 활용되고 있었습니다. 또한 포스코만의 놀라운 교육제도 덕에 PSC(개인역량계발)제도에서 90%가 기술자격증을 획득했다고 합니다. 평생학습, 평생 재교육처럼, 회사가 직원에게 해줄 수 있는 최고의 복지는 역시 교육이었습니다.

그날 우리는 서울대 독서클럽에서 준비한 '도서 100권 기증식'을 간단하게 하고 만찬을 즐기면서 허남석 부사장님의 깜짝 선물을 받았습니다. 『강한 현장이 강한 기업을 만든다』는 막 출간된 따끈따끈한 책을 저자 사인과 함께 직접 선물 받은 것입니다. 모두들 행복한 순간이었습니다. 역시 책이 있어 더 좋은 세상이라고 생각했습니다.

나아가 서울대 AIP 독서클럽 창립 1주년을 기념하는 독서음악회에서는 참으로 마음이 짠했습니다. 이 순간까지 걸어온 발걸음들이 아련한 기억으로 떠올랐습니다. 처음에는 모든 게 부족하고 조촐했습니다. 손 욱 회장님을 중심으로 이창욱 회장님, 이헌구 수석부회장님 그리고 저 네 사람이 조촐하게 시작했을 뿐이었습니다. 그저 책이 좋았고 혼자만 알기 아까운 책 속의 지혜를 나누고 싶었습니다.

서울대 AIP를 수료하신 분들과 이 독서 열정을 함께 나누고 싶었던 것입니다. 그래서 뜻있는 몇 분들의 독서 열정을 모아 첫출발을 했습니다. 총동창회의 지원 없이도, 서울대 AIP 사무국 지원 없이도 외롭지만 한 발 한 발 조심스럽게 나아갔습니다. 외부 초청 강연도 없이 원우들까지 자체 독서토론을 열었습니다. 그럼에도 그 귀한 시간만

으로도 책갈피에 숨은 아이디어를 나누기에는 충분했습니다. 처음에는 10여 분으로 시작한 독서클럽이 1년이 지나니 회원 수도 많이 늘었습니다. 그렇게 따뜻한 마음과 마음이 모였고, 그 마음이 지금 1주년을 기념하는 독서음악회까지 이른 것입니다.

1교시는 다이애나 홍의 독서특강이었고 2교시는 음악회가 진행되었습니다. 참석자들의 열기가 너무 뜨거워서 마치 화상을 입을 것만 같았습니다. 춤과 노래, 낭만이 흐르는 음악회는 합창단의 고운 목소리가 오프닝을 열고, 7080 노래들, 테너, 현대무용, 색소폰, 신 각설이타령, 사랑가, 뮤지컬을 비롯해 흥겨운 한마당이 펼쳐졌습니다. 모두가 아름다운 가락에 자기 영혼을 맡긴 채 박수와 환호로 한 무대가 되었습니다.

마음 통하는 좋은 사람들이 모여 같은 시간, 같은 음식을 먹고, 같은 책을 읽고, 같은 음악을 듣는 것은 그 자체로 축복의 시간입니다. 책갈피에서 피어난 우정과 음악이 함께 하니 더 좋은 세상이 되었습니다.

서울대 AIP 독서클럽이 1년간 쌓아온 독서클럽의 매뉴얼과 선정도서입니다.

독서클럽을 꿈꾸는 모든 분들께 좋은 귀감이 되리라 확신합니다.

서울대 AIP 독서클럽 토론 매뉴얼

도서 : 도서선정위원회 추천된 도서 2권 선정

진행 : 독서 코칭 1권(다이애나 홍), 1권 원우 자체 발표

131 법칙 - 10분 발표 30분 토론 10분 마무리 (책 한 권 당)

토론 : 조별, 팀별, 테이블별 자유토론, 아이디어 나누기

마무리 : 책의 핵심 파악하기

기대효과 : 책을 통한 개인의 성장, 기업의 성장으로 이어지는 독서토론

　　　　　책으로 소통하는 기업문화 정착

　　　　　CEO의 경영리더십 향상, 스피치 스킬 향상

　　　　　독서와 우정이 피어나는 지식의 숲 형성

서울대 AIP독서클럽에서 읽었던 책은?

1차 - 『일본전산 이야기』 김성호 ㅣ 쌤앤파커스, 『스타비즈니스 법칙』

　　　리처드 코치 ㅣ 김영사

2차 - 『난도의 위대한 귀환』 난도 파라도, 빈스 라우즈 ㅣ 세종서적, 『땡큐! 스타벅

스』마이클 게이츠 길 ｜ 세종서적

3차 - 『마케팅 불변의 법칙』 알 리스, 잭 트라우트 ｜ 비즈니스 맵,

　　『히든 커뮤니케이션』 공문선 ｜ 쌤앤파커스

4차 - 『유쾌한 카리스마』 사이토 시게타 ｜ 토네이도, 『천사와 악마』 댄 브라운 ｜

　　문학수첩

5차 - 1박 2일 워크샵

첫째 날 : ● 독서특강 1교시 - 『십이지 경영학』 - 손 욱(전 농심 회장)

　　　　　　　　2교시 - CEO를 위한 비즈니스 독서경영 - 다이애나 홍

　　　● 우정과 지혜를 나누는 독서 친구 찾기

둘째 날 : 강촌 엘리시온 골프대회

6차 - 『무간섭 경영』 듀웨인 블랙, 스티브 챈들러 ｜ 포북, 『웰 에이징』

　　박상철 ｜ 생각의 나무

7차 - 『킹핀공격경영』 ｜ 박기주, 독서음악회 - 독서, 음악, 우정이 하나 되는 날

8차 - 『청와대 vs 백악관』 박찬수 ｜ 개마고원, 『승자는 혼자다 1,2』

　　파울로 코엘료 ｜ 문학동네

9차 - 가을 독서여행 , 포스코 혁신, VP, 학습동아리 현장견학, 승주CC

10차 - 『약자의 전략』 카야노 카츠미 ｜ FKI 미디어, 『눈사람 마커스』

　　잭 마이릭 ｜ 토네이도

11차 - 『안전한 부자』 이영권 ｜ 국일증권경제연구소, 『킹피셔』 창조경영아카

데미 ┃ 넥서스 BIZ

12차 - 『철학 콘서트 2』 황광우 ┃ 웅진지식하우스, 『나를 서 있게 하는 것은

　　　다리가 아니라 영혼입니다』 알베르트 에스피노사 ┃ 열음사

13차 - 『창의성의 또 다른 이름 트리즈』 김효준 ┃ 인피니티북스,

　　　『우아한 아이디어가 세상을 지배한다』 메튜 메이 ┃ 살림BIZ

14차 - 『꿈은 박동한다』 송명근 ┃ 시작, 『웰니스』 박수현 ┃ 랜덤하우스코리아

15차 - 『오래된 미래』 헬레나 노르베르-호지 ┃ 중앙북스, 『구글드』 켄 올레타

　　　┃ 타임비즈

16차 - 독서음악회

　　● 1교시 - 『책 속의 향기가 운명을 바꾼다』 - 다이애나 홍

　　● 2교시 - 독서음악회 - 에코 패밀리 뮤직

이제 서울대 독서클럽은 지식의 씨앗을 뿌렸습니다. 이 씨앗이 잘 자라서 무성한 지식의 숲을 이룰 수 있도록 우리 모두 햇살이 되어주고 거름이 되어야겠습니다. 일도 우정도 아름다운 하모니를 이루는 서울대 명품 AIP 독서클럽을 꿈꿉니다.

10

전경련 IMI GAMP 독서클럽 - 경제계의 유쾌한 독서광들

전경련 GAMP 독서클럽 특강을 마치고 나자 많은 분들이 전화와 문자나 메일을 보내주셨습니다. 그럴 때마다 감사와 고마움을 느끼지 않을 수 없습니다. 09년 5월 20일, 이 국화꽃을 피우려고 우리 소쩍새는 6개월 동안 그렇게 울었습니다.

2008년 10월부터 준비한 전경련 독서클럽은 반 년 넘게 진통을 겪으면서 본 궤도에 올랐습니다. 이날을 위해 저는 수없는 날들을 전경련 문턱을 왔다 갔다 하면서 제안서를 들고 뛰었습니다. 고치고 다듬고 재수정을 몇 번이나 반복하고, 고민하고 조언을 구하고, 또 혼자 고민하는 시간을 보냈습니다.

"진실하게 준비하면 언젠가는 반드시 도와줄 누군가가 나타난다."

는 말이 있습니다. 바로 저를 두고 한 말이었습니다. 그렇게 전경련 독서클럽은 꼭 만들어야겠다는 강한 의지가 늘 제 가슴을 뛰게 했습니다. '좋은 책, 좋은 사람들' 이라는 이 두 가지 키워드가 저를 이끌어주는 에너지 마차였던 셈입니다. 그 마차에 몸을 싣고 나니 지치지 않고 달릴 수 있었습니다.

처음에는 전경련 사무국에서도 제안서를 보고 별 반응을 보이지 않았습니다. 힘들게 고민하고 고민해서 만든 제안서였는데 대답 없는 메아리가 되어버린 것입니다. 실망하고 힘 빠지고 혼란스러운 순간이었지요. '아, 아직 때가 아니구나.' 하고 스스로를 위안하면서 체념했습니다. 그러나 그 순간, 다시 한 번 생각했습니다.

'지금은 내공을 더 쌓아야 할 때구나. 내가 잘 갖춰져 있으면 기회는 언제든지 찾아온다.'

그때 어디선가 세이크 무하메드의 메아리가 들렸습니다.

"감동을 주면 사람들이 몰려온다!"

그때 저는 생각했습니다. 저만의 독서경영, 다이애나 홍만이 할 수 있는 독서경영으로 내공을 단단히 쌓고 기초를 다지면 언젠가는 사람들이 몰려오겠지 하는 생각이었습니다. 그래서 꾸준히 읽고 쓰고,

읽고 쓰면서 마음 닦기를 시작했지요. 그 기다림의 시간은 결코 지루하지 않았습니다. 오히려 행복했습니다. 세상에 없는 것을 만드는 그 기분은 창조의 샘물을 마시는 듯 늘 새로웠습니다. 이 땅의 고독한 경영자들에게 책을 들게 하고 그로 인해 그들의 영혼이 맑아진다고 생각하니 신나고 즐거웠습니다. 언젠가는 독서클럽이 만들어질 것이라는 확신도 있었습니다.

역시 시크릿의 법칙이 여기에도 적용됩니다. '구하라, 믿어라, 받아라.' 바로 끌어당김의 법칙입니다. 어느 날 갑자기 전화 한 통이 날아왔습니다.

"안녕하세요, 다이애나 홍님. 전경련 국제 경영원 총동창회에서 독서클럽을 만들기로 했습니다. 독서클럽 전반적인 것을 코디네이션 해주실 수 있겠습니까?"

드디어 시크릿의 원칙이 저에게 다가왔다는 것을 직감할 수 있었습니다. 저는 자리에서 펄쩍 뛰며 "야 호~~~" 하고 외치고 싶었지만 차분하게 답했습니다.

"물론이지요. 열심히 하겠습니다!"

27대 총동창회가 발족되면서 새로운 사업으로 독서클럽을 창립하기로 했던 것입니다. 그 중심에는 총동창회장이신 선진의 박성수 회장님의 특별한 책 사랑이 있었군요.

그날 이후 저는 전경련 사무국 담당자와 몇 차례 만남을 통해 독서 클럽을 디자인하기 시작했습니다. 브리핑하고 수정하고 다시 브리 핑하고 수정하면서 프로젝트가 성숙한 모습으로 자리 잡을 수 있도 록 심혈을 기울였습니다. 그렇게 긴 시간 동안 잘 익혀진 전경련 독 서클럽이 드디어 2009년 5월 20일 첫 발걸음을 조심스럽게 내딛었습 니다. 많은 분들께서 축하와 격려와 응원을 보내 주셨습니다. 독서클 럽 회장이 임명되고 임원단 구성까지 모두가 끝난 뒤 첫 출발이 시작 되던 그날을 어떻게 잊을 수 있을까요?

책갈피에서 운명이 바뀌는 소리를 들어왔는데, 이제는 독서클럽에 서 또 한 번 운명이 바뀌는 소리를 들었습니다. 준비한 강의안을 수 정하고 보완하면서 몇 가지 원칙에 힘을 실었습니다. 첫째, 무엇을 전달하고 무엇을 공유할 것인가? 둘째, 진정 그들이 독서를 통해 얻 고자 하는 것이 무엇인가에 대한 고민이었습니다. 답은 본질에 충실 하자는 것이었습니다. 그것이 핵심이었습니다. 이 땅의 고독한 경영 자의 가슴에 한줄기 정화수가 되고 싶었습니다. 한때 링컨 대통령이 국민들에게 연설을 하면 국민들의 발걸음에 리듬이 넘쳐났다고 합 니다. 그 이유는 다른 것이 아니었습니다. 그 연설이 희망을 심어주 었기 때문입니다.

　이처럼 읽는 이의 마음을 흔드는 독서클럽이 중요했습니다. 책으로 마음을 흔들어 놓아야 했습니다. 그러려면 어떻게 해야 할까요. 홀딱 반하게 하는 일 밖에 없었습니다. 책을 읽고 토론을 하고 독서여행을 떠나는 일에 홀딱 반하게 만들고, 그것에 몰입하게 하고, 그래서 늘 소풍가는 아이처럼 설레는 마음으로 독서클럽에 나올 수 있도록 유혹해야 했습니다.

　진실하게 다가가면 아무리 두꺼운 벽도 뚫을 수 있습니다. 독서경영이란 키워드의 진실한 힘을 보여드리고 싶었습니다. 이 땅의 성공한 많은 사람들이 책 속에서 발견한 꿈을 함께 공유하고 싶었습니다. 책이 기업의 경영에 어떤 결과를 가져왔는지 스스로 가슴에 느낌표를 찍을 수 있도록 하고 싶었습니다. 그래서 강의에 집중을 했습니다. 열심히 준비하고 집중할수록 신이 났습니다. 모두들 한결같이 공감하고 간절히 원하고 있는 강렬한 눈빛을 읽었습니다. 거기서 한 가지 사실을 뚜렷하게 느낄 수 있었습니다. 그들이 정말 간절히 독서의 힘을 원하고 있다는 것을 말이지요. 보이지 않는 대화, 추임새와 맞장구, 고개 끄덕임이 저를 더 힘나게 했습니다.

　장미가 아름다운 6월 16일, 전경련 IMI, GAMP 독서클럽에서 두 번째 독서여행을 떠났습니다. 당시 우리는 강우현 대표의 『상상망치』

라는 책을 미리 읽고 갔습니다. 그리고 이번 여행에서는 상상력을 체
험해 보는 시간을 가지기로 했지요.

  아, 참으로 아름다운 남이섬은 초록 신록이 숲 속 터널을 이루고 있
었습니다. 싱그러운 그 공기가 머리와 가슴을 시원하게 해주었지요.
사뿐사뿐 오솔길을 걷노라니 숨바꼭질을 즐기는 순수한 소녀가 되
는 느낌이었지요. 강우현 대표의 1시간 정도의 특강을 듣는데 가슴
이 마구 쿵쾅거렸어요.

  '야아~~ 이게 상상망치였네!'

  형언할 수 없는 놀라운 역발상의 창의성에 독서클럽 회원 모두의
영혼이 매혹되는 순간이었습니다. 남이섬에서 버릴 것은 오직 '불가
능' 하나뿐이었습니다. 술병도 잘 쓰면 꽃병이 되고, 잡초도 잘 다듬
으면 화초가 되고, 쓰레기도 잘 쓰면 예술품이 되듯이 가히 상상력에
는 한계가 없음을 느낄 수 있었습니다.

  발길 닿는 곳마다 옛 추억을 떠올리게 하고 다시 오고 싶은 유혹을
일으키는 나무들이 무성한 숲을 이루는 곳, 남이섬 산책을 하고 난
후 함께 먹은 닭갈비, 그 맛도 대단했습니다. 같은 생각을 가진 사람
들이 같은 음식을 먹으며 더 좋은 세상을 노래하는 이곳이야말로 천
국이라는 생각이라는 생각이 들었습니다. 신록이 우거진 나무그늘
아래 도란도란 이야기꽃을 피우는 사이 땅거미가 살포시 내리고 있

었습니다. 강우현 대표의 강의 후 독서토론을 진행했는데 재미있는 아이디어가 떠올랐습니다.

남이섬에 있는 것과 없는 것

1. 상상력이 있고 불가능은 없고
2. 순수함이 있고 왜곡됨이 없고
3. 취업은 있고 정년은 없고
4. 창조는 있고 규칙과 틀은 없고
5. 수수께끼는 있고 진부함은 없더라.

전경련 IMI GAMP 독서클럽에 있는 것과 없는 것

1. 웃음과 우정이 있고, 비난과 비평이 없다.
2. 지혜와 지식이 있고, 미움과 불평이 없다.
3. 사랑과 낭만이 있고, 시기와 질투가 없다.
4. 나눔과 배려가 있고, 아집과 독선이 없다.
5. 좋은 사람과 좋은 책이 있고, 안 좋은 사람과 안 좋은 책이 없다.

전경련 IMI GMAP 독서클럽은 이제 여러 과정을 거쳐 조금씩 자리를 잡아가고 있습니다. 사실 처음에는 어렵게 시작했습니다. 한 분한 분 회원 영입하는 데만 해도 참으로 많은 어려움이 있었지요. 그러나 기획력 뛰어난 최학규(전경련 국제 경영원 총동문회 28대회장) 회장님의 독특한 아이디어가 회원 100명 돌파의 꿈을 이루게 했습니다. 그간 최학규 회장님은 각 기수 총회 때마다 몸소 찾아가 금일봉까지 전달하며 격려를 아끼지 않으셨고, 독서클럽에서 지식과 우정을 꽃피우자는 격려와 안내를 꾸준히 해주셨습니다. 하루 일 분 일 초를 쪼개서 사시는 분들이 그토록 몸과 마음으로 혼신의 힘을 다해 뛰어주셨고 정병철 국제 경영원 원장님께서도 늘 참석하셔서 응원과 격려를 아끼지 않으셨습니다.

무슨 일이건 혼자 하면 외롭습니다. 뜻이 같으신 분들과 함께 책장을 넘기니 그 즐거움도 몇 배가 되고 새로운 아이디어도 톡톡 튀어 오릅니다.

이제 우리는 전경련 GAMP 독서클럽이라는 한 그루 나무를 심었습니다. 뿌리를 내리고 새싹이 나오려면 이제 더 많은 사랑이 필요합니다. 이 나무가 잘 자라도록 자주 물을 주고 햇살을 비추고 적절한 온도를 유지하는 것을 게을리 해서는 안 됩니다. 새싹이 잘 자라도록

오른손에 물뿌리개를, 왼손에는 거름을 들 것입니다.

　작은 나무가 무럭무럭 자라서 큰 나무가 되어 무성한 지식의 숲을 이루려면 시작이, 그리고 마음이 필요합니다. 나아가 그 지식의 숲에서 혼자가 아닌 함께 걸어갈 수 있어야 더 행복합니다. 책갈피의 향기가 기업의 운명도 바꿉니다.

전경련 IMI GAMP독서클럽 매뉴얼

도서 : 도서선정위원회 추천된 도서 2권 선정

진행 : 독서 코칭 1권(다이애나 홍), 1권 원우 자체 발표

22221법칙 – 1교시 : 20분 발표 20분 토론,

　　　　　　　2교시 : 20분 발표 20분 토론, 10분 마무리

토론 : 조별, 팀별, 테이블별 자유토론, 아이디어 나누기

마무리 : 책의 핵심 파악하기

기대효과 : 책을 통한 개인의 성장, 기업의 성장, 독서토론,

　　　　독서아이디어나누기

　　　　책으로 소통하는 기업문화 정착

　　　　독서와 우정으로 지식의 숲이 우거지다.

전경련 독서클럽의 독서토론 교재

1차 창립특강 : CEO을 위한 비즈니스 독서경영 - 다이애나 홍

2차 『일본전산 이야기』, 『공부하는 독종이 살아남는다』 이시형 ㅣ 중앙북스

3차 『스타 비즈니스 법칙』, 『창조적 개척 경제학』 우제용 ㅣ 다산북스

4차 『매력이 경쟁력이다』 윤은기 ㅣ 올림, 『웰에이징』 박상철, 생각의 나무

5차 『꿈, 희망, 미래』 김윤종 ㅣ 21세기북스, 『위기경영』- 램 차란/ 김정수옮김

　　/살림Biz

6차 다산 정약용, 고산 윤선도 발자취를 찾는 가을 독서여행

7차 『눈사람 마커스』, 잭 마이릭/이민주 옮김/토네이도 『십이지 경영학』

　　손욱 ㅣ 페이퍼로드

8차 『이제는 작은 것이 큰 것이다』 세스 고딘 ㅣ 재인, 스티브 김 초청 특강

　　(꿈, 희망, 미래)

9차 독서 특강 : 책 속의 향기가 운명을 바꾼다,

　　『행복의 조건』 조지 E. 베일런트 ㅣ 프런티어,

　　독서음악회 - 에코패밀리 뮤직

10차 『혼창통』 이지훈 ㅣ 쌤앤파커스, 『설득의 비밀』 EBS 제작팀 ㅣ 쿠폰북

11차 『아침키스』 김영숙, 두상달 ㅣ 가정문화원, 『철학 콘서트 2』 황광우

　　웅진지식하우스

12차 『남이섬 CEO 강우현의 상상망치』 강우현 ㅣ 여성신문사, 남이섬 독서여행

13차 『마켓 3.0』 필립 코틀러 ㅣ 타임비즈, 『리스펙트』 데보라 노빌 ㅣ 위즈덤하우스

부록

- CEO가 휴가 때 읽으면 좋은 책 30선

- DH 독서법(Diana Hong의 독서법)- 한 시간에 한 권 읽기

- 독서플래너 365 활용하기

한국독서경영연구원에서 추천하는
CEO가 휴가 때 읽으면 좋은 책 30선

1. **마켓 3.0** | 필립코틀러저 / 안진환 역 | 타임비즈

2. **리스펙트** | 데보라 노빌 저 / 김순미 역 | 위즈덤하우스

3. **유머가 이긴다** | 신상훈 저 | 쌤앤파커스

4. **오리진이 되라** | 강신장 저 | 쌤앤파커스

5. **무엇이 당신을 만드는가** | 이재규 편 | 위즈덤하우스

6. **생각의 심리학** | 아우구스토쿠리 저 / 김율희 역 | 청림출판

7. **웰니스 WELLNESS** | 박수현 저 | 랜덤하우스코리아

8. **죽을 때까지 섹시하기** | 김희재 저 | 시공사

9. **퍼스널 마케팅** | 필립 코틀러 등 저 / 방영호 역 | 위너스북

10. **이 세상에 당신과 함께 있어 기쁩니다** | 성전 저 | 마음의숲

11. **스매싱** | 정상수 글 · 그림 | 해냄

12. **혼 창 통** | 이지훈 저 | 쌤앤파커스

13. **철학 콘서트 1, 2** | 황광우 저 | 웅진지식하우스

14. **지식의 쇠퇴** | 오마에 겐이치 저 / 양영철 역 | 말글빛냄

15. **뛰어난 협상가는 협상하지 않는다** | 남학현 저 | 고려원북스

DH 독서법(Diana Hong의 독서법) - 한 시간에 한 권 읽기

1단계 - 프리뷰(Preview)10분 : 목적과 호기심을 갖는다.

프리뷰란 무성한 숲에서 건강한 나무를 찾는 과정입니다. 여기서 무성한 숲이란 책의 앞뒷면, 앞날개, 뒷날개, 프롤로그, 에필로그 그리고 목차를 말합니다.

앞면, 즉 표지는 책의 생명입니다. 저자가 어떤 컨셉으로 이 책을 썼는지, 누가 이 책을 집필했는지, 그 책의 핵심 메시지는 무엇인지 등을 화려하고 명확한 디자인으로 보여주는 첫 대문입니다.

프롤로그와 에필로그는 저자의 심장과 같습니다. 지금 저자가 독자들에게 어떤 메아리를 전하려고 하는지 귀를 기울일 수 있는 부분입니다. 이 글귀들을 꼼꼼히 읽으면 내가 원하는 귀한 메시지가 다가오게 됩니다.

목차에서는 건강한 나무를 찾아야 합니다. 사람마다 찾고자 하는

건강한 나무는 다릅니다. 제 경우는 저만의 건강한 나무를 찾으면 반드시 별을 세 개씩 주고 형광펜으로 다시 한 번 옷을 입힌 다음 포트스잇으로 단장합니다. 그래야 기억에 오래 남기 때문입니다.

2단계 - 하트리딩(Heart Reading) 40분 : 눈이 아니라 가슴으로 저자를 만난다.

프리뷰에서 건강한 나무를 찾았다면 이번에는 사진을 찍을 단계입니다. 키워드 한 문장을 통째로 찰칵 하고 찍어 놓습니다. 그러나 눈으로 찍은 사진은 사흘도 안 가 잊혀지게 마련입니다. 따라서 그 귀한 메시지를 오래 기억하려면 가슴에 선명하게 새겨야 합니다. "아하, 그랬구나!", "그래서 그랬구나!" 하는 가슴에서 우러나는 감탄사가 절실히 필요합니다. 가슴으로 찍은 사진은 오랫동안 기억에 남기 때문입니다.

진정한 독서광은 바로 독서의 꽃, "아하!" 하는 찰나의 영감을 찾기 위해 책을 읽습니다. 어쩌다 멋진 문장을 만나면 진흙 속에서 진주라도 캐낸 듯 기뻐합니다. 지식이 무한 재창조되는 순간입니다. 성공한 사람들은 대부분 이 독서의 꽃에서 그 운명을 얻었습니다.

또 하나, 책을 읽을 때는 반드시 정독해야 합니다. 정독해도 메시

지를 다 이해하고 곱씹을 수 없는데 속독은 금물입니다. 정독을 기본
으로 가슴으로 읽되, 불필요한 가지는 과감하게 잘라야 합니다. 그래
야 건강한 가지는 더 잘 자라고 나쁜 가지는 떨어져 나가 종래에는
더 알찬 열매를 맺게 됩니다. 처음부터 끝까지 다 읽어야 한다는 부
담감은 독서를 고통스럽게 만드는 지름길입니다. 건강한 가지를 찾
아 제대로 읽는 것이 전체를 대충 읽는 것보다 중요합니다.

3단계 - 스키밍(Skimming)10분, 세포가 기억할 만큼 반복해서 읽는다.

건강한 나무를 찾아 초벌 읽기를 했다면 이번에는 반복 읽기, 완성
읽기가 필요합니다. 이때 목적과 호기심으로 체크해둔 건강한 나무
를 처음부터 다시 한 번 가슴으로 만나야 합니다. "아하 그랬구나!"
를 연발하며 형광펜으로 옷을 입히고 포스트잇으로 화장을 시키는
것입니다.

중요한 문장은 그대로 책의 여백에 한 번 더 기록해보는 것도 좋습
니다. 펜의 힘은 무서운 것입니다. 머리를 믿지 말고 펜의 힘을 믿어
야 합니다. 글이 삶이 되고, 삶이 글이 된다는 말처럼 펜은 무엇보다
도 강한 힘을 가지고 있습니다.

독서광들의 책 여백에는 어김없이 많은 글들이 적혀 있습니다. 특

히 직접 기록한 좋은 문장들은 기억에 오래 남게 마련입니다. 머리가 아닌 세포, 심장, 그리고 근육이 그것을 기억합니다. 나아가 서서히 몸에도 체화됩니다.

좋은 문장은 얼굴 표정을 밝고 맑게 가꿔줍니다. 왜냐하면 사람의 얼굴은 그 사람의 생각을 고스란히 드러내기 때문입니다. 그래서 책을 많이 읽은 사람은 표정이 밝고, 영혼도 맑습니다.

과정을 즐기기 : DH 독서 경영 5단계

맛있는 음식을 먹으면 몸이 행복해지는 것처럼, 좋은 책은 우리 영혼을 행복하게 합니다. 물론 영혼이 행복해지는 길은 많습니다. 부자가 돼서 자유를 얻거나 사랑하는 사람과 알콩달콩 사는 것, 하고 싶은 일로 자아실현을 이루는 것도 다 행복입니다. 하지만 그것만으로는 결코 영원한 행복을 꿈꿀 수 없습니다.

부(富)로 얻은 자유는 결국 집착을 낳아놓고, 달콤한 사랑으로 얻은 행복은 유효 기간을 넘기지 못합니다. 자아실현은 끊임없는 노력을 해야 하니 삶이 고달픕니다.

따라서 우리에게는 우리 자신을 끝없이 행복하게 해줄 영혼의 에너지가 필요합니다. 여러분은 그 에너지를 어디에서 찾고 계신지요? 책은 우리를 배신하지 않으며, 실망시키지도 않습니다. 게다가 아픔도 주지 않습니다. 마음이 공허할 때 여러분은 무엇으로 그 공허함을 채우시는지요? 빈 가슴을 달래려 여기저기 기웃거리다가 허탈감만

커진 경험은 없으신지요?

　가장 정직하고 가장 진실하며, 내 손짓에 즉각 대답하는 책읽기는 우리를 가장 행복하게 해줍니다.

　진정 책 속에 풍덩 빠져 저자들의 따뜻한 음성에 귀 기울여 보십시오. 그들이 들려주는 귀한 메시지는 행복을 덩어리째 안겨다줄 것입니다. 뿐만 아닙니다. 책은 여러분이 무엇 때문에 힘들어하고 잠 못 드는지, 어디를 향해 나아가야 하는지 그 답을 알고 있습니다. 책이 들려주는 삶의 소리에 귀 기울이고 조용히 자신을 돌아보면 지금 읽고 있는 그 책이 이미 길을 알려주고 있음을 깨닫게 됩니다.

　인디언들은 주로 말을 타고 다녔습니다. 그들은 열심히 앞만 보고 달리다가도 가끔은 제자리에 멈춰 서서 뒤를 돌아보곤 했습니다. 너무 빨리 달려서 혹시 영혼이 쫓아오지 못할까 봐 염려한 것입니다. 마찬가지로 우리도 우리 영혼이 지금 어디로 가고 있는지 가끔 살펴봐야 합니다. 그래야 지치지 않고 오랫동안 멀리 갈 수 있습니다. 여러분의 건강한 영혼을 위해 책읽기를 즐기십시오.

　우리는 모두 그 자신의 리더입니다. 미래의 리더가 되건, 조직의 리더가 되건, 먼저 스스로를 올바르게 세워야 합니다. 그 자신의 진정한 리더가 되어야 합니다. 그리고 성공적인 독서경영, 그 놀라운 힘의 지원을 받으면 진정으로 자신을 세우고 조직을 이끌 수 있습니다.

그러면 지금부터 성공적인 독서경영을 위한 5단계를 살펴보도록 하겠습니다.

성공적인 독서경영 1단계 : 구미가 당기는 책은 재미있다

우선 쉬운 책부터 시작해야 합니다. 의무감으로 억지로 읽으면 책을 가까이 할 수 없습니다. 사람마다 제각각 관심 분야는 다르게 마련입니다. 관심이 가는 것부터 읽으십시오. 또한 조금 어렵더라도 흥미가 있으면 쉽게 접근할 수 있습니다.

또한 베스트셀러라고 해서 늘 좋은 책은 아닙니다. 내게 적절한 책, 나만의 맞춤식 베스트셀러를 찾아야 합니다. 그런 의미에서 최고의 책은 내 일과 생활에 천천히 녹아들어 내 삶에 에너지를 전해주는 책일 것입니다. 그런 책을 골라 읽으면 독서경영의 출발선에 올바로 섰다고 할 수 있습니다.

성공적인 독서경영 2단계 : 읽고 싶은 만큼만 읽는다

한꺼번에 많은 책을 읽으려는 욕심을 버려야 합니다. 부담을 느끼면서 억지로 읽으면 책읽기의 즐거움을 얻을 수 없습니다. 관심 분야

라면 한 페이지를 읽어도 즐겁습니다. 머리를 식혀주고 가슴을 적셔 준다면 한 문장이라도 상관없습니다. 내 것이 될 수 있고, 내 영혼의 정화수가 되는 편안한 책읽기야말로 독서경영이 가진 매력입니다. 재미없고 관심 없는 분야는 과감하게 건너뛰어야 합니다.

성공적인 독서경영 3단계 : 밑줄 · 접기 · 별표 · 포스트잇

읽으면서 마음에 드는 문장에 줄을 긋고 별표를 하고 모서리를 접 고 포스트잇을 붙이면서 매만져 주면 그 문장이 가슴으로 들어옵니 다. 나도 모르게 온몸에 전율이 일어날 만큼 귀한 문장, 그 느낌과 찰 나가 바로 독서경영의 핵심입니다. 내 심장에 느낌표를 콱 찍어주는 몇 줄의 문장을 만난 것만으로도 그 책을 읽는 보람이 명확해집니다. 이렇게 초벌읽기가 끝나면, 다시읽기를 할 때 밑줄 친 부분과 메모했 던 문장을 재입력해서 나만의 에너지로 바꾸면 됩니다.

성공적인 독서경영 4단계 : 영감을 전한다

책읽기에서는 내 안에 자리 잡은 귀한 문장을 가족이나 직장 동료 에게 나눠줄 수 있는 여유 또한 중요합니다. 읽을 때는 감동에 취해

잠을 설쳤는데 시간이 지나 그 감동이 사라지는 경우가 있습니다. 이유는 단순합니다. 그것을 나 혼자만 간직했기 때문입니다.

좋은 문장은 좋은 음식과 같아서 나눠먹을 때 더 맛있습니다. 내가 받은 영감을 다른 사람에게 전달하면 그 과정에서 나도 다시 한 번 그것을 복습하게 됩니다. 최고의 학습은 남을 가르치는 것입니다. 좋은 말은 자꾸 반복해서 사용해야 혈관과 세포에 녹아듭니다. 내 세포가 본능적으로 그 영감을 기억할 때까지 자꾸 반복해서 몸과 정신에 새겨넣어야 합니다.

성공적인 독서경영 5단계 : 감동을 적는다

가슴 시리게 귀한 메시지는 기록으로 남겨야 합니다. 종이 위에 쓰면 기적이 이뤄진다는 말도 있습니다. 눈으로 본 것을 가슴으로 느끼고, 입을 통해 다른 사람에게 전달하고, 손으로 직접 적어 내려가는 이 일련의 반복된 훈련이야말로 독서경영을 완성시켜주는 중요한 힘입니다. 사실 그리 어려운 것만도 아닙니다. 그저 그 책을 읽을 때 가슴에 소용돌이쳤던 귀한 메시지를 마음이 시키는 대로 적어 내려가면 됩니다.

일류작가의 글쓰기를 흉내 낼 필요도 없습니다. 가장 귀한 건 내

감정, 내 깨달음입니다. 가장 훌륭한 글은 솔직하고 진실한 내 마음 속의 말들이 만들어낸 것입니다. 맑은 샘물을 벌컥벌컥 들이키듯 그 순간에 마구 써 내려가면 누구나 연암 박지원 선생 같은 명문장가가 될 수 있습니다.

독서플래너 365 활용하기

독서에 관한 수많은 명언들이 있습니다. 그 중에 제가 가장 인상 깊게 기억하는 것은 로마의 철학자 키케로의 말입니다. 그는 독서에 대해 "청년에게는 음식이 되고 노인에게는 오락이 되며, 부자일 때는 지식이 되고, 고통스러울 때는 위안이 된다."고 말했습니다.

다시 말해 젊거나 늙었거나, 부자이거나 가난하거나 이 세상을 살아가는 사람이라면 누구나 독서에서 마음의 길을 비춰주고 영혼을 밝히는 등불을 얻을 수 있는 것입니다. 우리는 살아가면서 여러 즐거운 순간을 만나고, 더불어 여러 어려움들도 겪습니다. 그 숱하게 닥치는 매순간, 만일 우리 곁에 그것을 나눌 친구나 가족이 없다면 우리 삶은 얼마나 적막할까요?

책도 마찬가지입니다. 지식을 구하고자 할 때, 자신을 돌아보고자 할 때, 특정한 사태에 닥쳐 그것을 이겨낼 현명한 방안을 구하고자 할 때, 책은 우리에게 진실의 속삭임을 들려주고 때로는 꾸짖어주며,

또 때로는 위안을 건네주는 가장 좋은 친구입니다.

어제와는 다른 나를 꿈꾸고 계십니까?

사람마다 책을 읽는 이유는 다양합니다. 여러분은 지금 이 순간, 어떤 이유를 가슴에 품고 이 독서노트를 집어 드셨는지요? 좀 더 현명한 사람이 되고 싶다거나, 좀 더 성공한 사람이 되고 싶다는 바람일 수도 있습니다. 아니면 누군가에게 똑똑하게 보이고 싶은 욕심이 있을지도 모르겠습니다. 아니면 내가 먼저 책을 읽고 가까운 친구와 가족들에게 지혜를 나누어주고 싶어서일지도 모르겠습니다.

처음 책을 집어든 이유는 무엇이건 간에 한 가지 사실은 명확합니다. 독서의 길을 선택한 당신은 이미 어제와는 다른 사람이라는 것입니다. 독서는 눈으로 보고, 입으로 소리 내어 읽고, 가슴으로 익히는 것이라고 했습니다.

이처럼 3단계로 책을 읽는 것은 책을 단순히 활자의 조합으로 대하는 것이 아니라 삶으로 실천하기 위해서입니다.

흔히 책을 많이 읽은 사람에게서는 향기가 풍긴다고 하지요? 이것은 이처럼 눈과 입술, 가슴으로 스며든 글자들이 결국은 그의 삶 속에서도 빛나게 되기 때문입니다. 다시 말해 독서는 우리의 머리만 지식으로 채울 뿐 아니라 삶 자체를 교정하고 빛내주는 가장 믿음직한 이 시대의 멘토이며, 독서를 시작한 당신은 어제와는 또 다른 새 오솔길로 나선 것과 다름없는 것입니다.

독서 기록은 가장 훌륭한 실천입니다

똑같은 책읽기라 해도 그중에는 "삶까지도 바꾸는 독서법" 이란 게 있습니다. 바로 책을 통해 배운 것을 종이 위에 기록하는 "핵심 노트 독서법" 일입니다. 예를 들어 한 권의 훌륭한 자기계발서는 그 안에 담긴 내용을 통해 수많은 사람들의 생각을 바꾸어놓습니다. 절망한 이에게는 희망과 성공을 꿈꾸게 하고, 무기력해진 이에게는 새로운 인생 지도를 제시합니다.

그러나 같은 보석도 그 가치를 알아보는 이에게 더 진귀한 것입니다. 즉 한 권의 책을 읽어도, 그 안에 담긴 내용들을 얼마나 깊이 깨닫고, 얼마나 구체적으로 실천하는가에 따라 그 책을 읽은 효과도 달라지는 것입니다.

그리고 그 책에서 배운 것을 실천하는 가장 첫 단계가 바로 "기록"입니다. 즉 책에서 배운 진리와 성공을 한 번 맛보고 버리는 대신 나만의 프리즘으로 담아내고 정리하면, 그것을 현실에서 이어갈 수 있

는 강력한 원동력이 생기는 것입니다.

나아가 이런 기록은 나 혼자만 누리는 기쁨이 아닙니다. 내가 책에서 읽어낸 지혜와 기쁨과 성공의 비법을 다른 사람에게까지 전달할 수 있으니, 그 또한 독서가 가진 가장 귀한 가치일 것입니다. 실제로 성공한 리더들은 바로 이 방법을 통해 자신의 삶에서 주인이 되었고, 나아가 다른 이들에게도 자신의 비전을 전달할 수 있었습니다.

누군가 당신에게 "1년에 몇 권의 책을 읽으시겠습니까?"라고 묻는다면, 그 말은 얼마나 "능수능란한 독서가가 되고 싶은가?"하는 질문입니다. 그러나 "1년에 몇 권의 책을 기록하시겠습니까?"라는 질문은 얼마나 "훌륭한 독서가"가 되겠냐는 질문과 같습니다. 그리고 이 순간, 바로 그 훌륭한 독서가의 길로 나선 당신의 첫 걸음을 다이애나 홍이 응원합니다.

■ 나의 한 해 독서 성적표를 만들어 봅시다.

여러분의 한 해 동안 독서 성적표는 어떠셨습니까?

평균적으로 직장인들이 한 해 동안 읽는 독서량은 5~10권 정도였습니다. 저의 경우 치열하게 읽어댔습니다. 한 달에 평균 6~70권씩 읽었으니 책 읽는 기계라고 할 수 있겠군요. 이 책 마지막장을 덮으면 올 해 읽고 싶은 독서플랜을 만들어보면 어떨까요?

어떻게 만들까 궁금하시면 다이애나 홍이 제안하는 「독서플래너 365」에 친절히 안내되어 있습니다. 왜 읽어야 하고 어떻게 읽으면 좋은지, 독서일기는 어떻게 써야하는지 잘 안내해 줍니다. 다음에 이어지는 내용을 참고하십시오.

〈독서 목표와 실천 리스트 작성〉

먼저 독서의 목표와 방향, 기간을 생각해봐야 합니다.
아래 세 질문에 대한 답은 당신에게 필요하고 현실적인
것이어야 합니다.

- 독서 목표 : 독서를 통해 얻고자 하는 것은 무엇인가?
- 독서 방향 : 어떤 책을 읽을 것인가?
- 독서 기간 : 얼마나 많은 책을 읽고 기록할 것인가?

작성하는 방법

독서 목표 :

이 단계는 독서의 우선순위를 체크하는 단계입니다.

내가 독서경영을 시작한 이유가 무엇인지를 생각해야 합니다.

독서 방향 :

어떤 책을 중점적으로 읽을지 목록을 체크하고, 또 다시 여기
서 무엇을 중점적으로 메모할지 체크해야 합니다.

독서 기간 :

1주일에 몇 권을 읽을 것인지,

1주일에 독서노트를 얼마 동안 쓸 것인지,

나아가 1개월, 1년에 몇 권을 읽고 쓸 것인지 고민해야 합니다.

〈독서 목표와 실천 리스트 작성〉

● **독서 목표 :**

● **독서 방향 :**

● **독서 기간 :**

〈기타 사항〉

다이애나 홍의 독서 Planner

인상 깊었던 글귀, 마음에 새겨두고 싶은 글귀,

일상에서 활용할 수 있는 아이디어를 구분해 글로 남기십시오.

이것이 새로운 인생을 디자인하는 중요한 순간에

훌륭한 친구가 되어줄 것입니다.

독서 노트는 성공적인 미래를 향해 띄워 보내는

가장 훌륭한 편지입니다.

독서노트

읽기 시작한 날   년   월   일   요일

도 서 명 :

저 자 명 :

페 이 지 :

분   야 :

기타정보 :

책 속의 한 문장

리뷰 (Book Review) / 느낌 / 인상 깊은 구절 활용하기

책갈피에서 찾은 독서 아이디어

아이디어 제목	쓰는날

눈에 보이는 것은 다 책이다

길가의 풀 한 포기, 나무 한 그루, 작은 바윗돌 하나에도 인고의 흔적이 묻어납니다. 그 흔적을 보면서 내 삶의 세월은 어떤 흔적을 남기고 있는지 스스로 물어봅니다.

예쁜 꽃을 보면 내 인생이 꽃은 얼마나 아름다운지 꽃 속의 내 모습도 보입니다. 신록의 무성한 숲을 보면 내 인생의 지식의 숲은 얼마나 우거지고 있는지도 생각하게 됩니다.

세상에 그저 되는 것은 없습니다. 가을 날 단풍이 아름답게 물드는 것은 세찬 바람을 견디었기 때문이듯 무통분만은 없습니다. 작가들은 독자들이 책을 읽는 내내 행복하기를 소망하며 쓰는 고통을 즐기며 글을 씁니다. 그 애절한 고통의 열매는 책을 읽는 내내 세포가 웃고, 마지막 책장을 덮고 나면 그 여운이 오래오래 갑니다. 원고를 다듬는 동안, 헤이즐렛 커피향, 영화음악이 어릴 적 고향 친구처럼 영혼을 다독여 주었습니다.

더 좋은 세상을 꿈꾸는 데 책이 가장 쉬웠습니다. 꿈을 키우는 것도 책이 가장 쉬웠습니다. 나를 지켜주는 고마운 친구는 역시 책입니다. 임금에게는 훌륭한 신하는 책이요, 장군에게 훌륭한 부하도 책입니다. 활자 중독증은 아무리 걸려도 좋은 중독입니다. 운동 부족보다 운동 중독이 좋듯이, 독서 부족보다 독서 중독이 좋습니다.

독서 인생 10여 년을 살면 책만 보면 습관적으로 눈이 가고 가슴이 열립니다. 사람들은 외로움을 사람으로 채우려고 합니다. 저도 그랬습니다. 처음에는 달콤하지만 그 끝은 칼날처럼 아픕니다.

사랑이 끝나는 자리는 상처가 남지만 책 사랑의 끝은 꿈이 피어납니다. 권태기도 없고 싫증도 없는 영원한 연애걸기, 책과 연애를 걸어보세요. 황홀해집니다.

고맙습니다.

새싹이 무럭무럭 자라도록 비료가 되도록 거름이 되어주신 분들이 많습니다. 제가 첫 무대에 설 수 있게 기회를 주신 김정순 원장님 (한국마케팅교육원)

강의 첫 데뷔를 선사해 주신 삼성전자 구미 공장의 전 부장님,
포스코그룹에 독서 씨앗을 심어주신 포스코 ICT 최병조 고문님 (전 포스콘 대표이사)

안개로 비행기가 결항되어 강의 시간을 놓친 것조차 이해해 주신 포스코 도금부 직원들과 포스코 도금부 독서동호회 회장 유한성님,

포스코 곳곳에 독서향기 전할 수 있는 기회를 주신 김진일 부사장님, 김영헌 상무님, 모든 직원분들,

농심에 독서향기를 전파할 수 있게 기회를 주신 손 욱 회장(전 농심 회장)님, 농심 가족 모든 분들.

선진그룹에 매월 독서 코칭을 할 수 있도록 기회를 주시고 책 읽는 기업문화를 심어주신 박성수 회장(선진그룹회장)님, 김진이 대리님 이하 직원 모든 분들,

포스코 ICT에 독서경영을 선포하고 책으로 소통하는 기업문화를 만들어 가시는 허남석 사장님, 일주일에 한 권씩 한 달에 4권의 책으로 직원들과 소통하시는 이승주 상무님, 독서골든벨 행사를 통해 직원들의 독서 열정과 지식으로 울창한 숲을 만들어가는 이명진 차장님과 직원들,

독서음악회로 독서와 음악을 하나로 엮어주신 포스코 플랜텍의 조창환 대표님, 독서아카데미와 독서퀴즈를 만들어 기업문화를 독서열풍을 일으키신 인사교육장 팀장님과 서 과장님, 서울, 인천, 포항, 광양의 모든 직원 분들.

포스코 A&C 이규정 대표님, 상상독서클럽과 포트리 북 갤러리를 연출하는 최수경님, 모든 직원 분들,

포스코 강판의 직원들의 행복을 최우선으로 생각하는 조준길 대표님과 언제나 따뜻하게 독서코칭을 맞아주시는 이귀종 이사님과 직원 분들,

서울대 AIP 독서클럽의 이창욱 회장님과 회원들께도 책갈피에서 함께 꽃피운 아름다운 우정에 감사드리며,

전경련 IMI,GAMP 독서클럽의 창립하신 박성수 회장님, 늘 참여해서 응원을 아끼지 않으시는 정병철 원장님, 한영섭 전무님, 28대 총동문회 최학규 회장님의 적극적인 지원과 독특한 기획아이디어도 진심으로 감사드립니다.

그리고 정말 소중한 사람, 늘 말없이 외조를 아끼지 않는 남편, 아프지 않고 건강하게 자라준 해빈, 해민. 한결같이 지켜주고 응원해준 연구원 하정숙 실장 외 연구원 가족.

고마움을 생각하니 목이 메어오네요. 항상 화려한 성공 뒤에는 아픈 눈물이 있습니다. 과거에 저는 살기 위해 책을 읽었지만 지금은 행복해서 책을 읽습니다. 그리고 앞으로는 다른 사람들의 행복을 위해서 책을 읽고 싶습니다.

저를 다시 세워준 모든 분들께 감사드리며, 독서 강국 코리아의 길에 다이애나 홍의 독서향기로 함께 하겠습니다.

좋은 책, 좋은 사람들이 모여 책갈피의 아이디어를 나누면 3배로 행복해집니다. 장미꽃이 아름다운 6월입니다. 독자 여러분의 삶도 장미꽃처럼 예쁘게 피어나길 바랍니다.

다이애나 홍

그대를 만나던 날

느낌이 참 좋았습니다.
착한 눈빛, 해맑은 웃음
한마디 한마디의 말에도 따뜻한 배려가 있어
잠시 동안 함께 있었는데

오랜 사귄 친구처럼
마음이 편안했습니다.

내가 하는 말들은
웃는 얼굴로 잘 들어주고
어떤 격식이나 체면 차림 없이
있는 그대로 보여주는
솔직하고 담백함이 좋았습니다.

그대가 내 마음을 읽어주는 것만 같아
둥지를 잃은 새가 새 둥지를 찾은 것만 같았습니다.
짧은 만남이었지만
기쁘고 즐거웠습니다.

오랜만에 마음을 함께
맞추고 싶은 사람을 만났습니다.
마치 사랑하는 사람에게
장미꽃을 한 다발을 받은 것 보다
더 행복했습니다.
그대는 함께 있으면 있을수록
더 좋은 사람입니다.

- 용혜원, 「함께 있으면 좋은 사람」

| 참고문헌 |

1. 책읽기의 즐거움 - 다이애나홍 / 김영사 2. 인문의 숲에서 경영을 만나다 - 정진홍 ㅣ 21세기 북스 3. 살아온 기적 살아갈 기적 - 장영희 ㅣ 샘터 4. 이매지너 - 김영세 ㅣ 랜덤하우스코리아 5. 부의 미래 - 앨빈토플러 ㅣ 청림출판 6. 강한 현장이 강한 기업을 만든다 - 허남석 ㅣ 김영사 7. 석세스 스토리 8. 내 삶의 쉼표 - YES24 블로거 ㅣ YES24 9. 그건, 사랑이었네 - 한비야 ㅣ 푸른숲 10. 네 안에 잠든 거인을 깨워라 - 앤서니 라빈스 ㅣ 씨앗을뿌리는사람   11. 롱거버거 - 데이브 롱거버거 ㅣ 미래의창   12. 현장이 답이다 - 다카하라 게이치로 ㅣ 서돌 13. 다산선생 지식경영법 - 정민 ㅣ 김영사 14. 이건희의 인재공장 - 신현만 저 ㅣ 새빛에듀넷

책 속의 향기가 운명을 바꾼다

1판 1쇄 발행 | 2010년 06월 28일
1판 2쇄 발행 | 2010년 07월 05일
1판 3쇄 발행 | 2010년 07월 23일
1판 4쇄 발행 | 2010년 07월 29일

지은이 | 다이애나 홍
발행인 | 이용길
발행처 | 모아북스 MOABOOKS

영업 | 권계식
관리 | 윤재현
디자인 | 이룸

출판등록번호 | 제 10-1857호
등록일자 | 1999. 11. 15
등록된 곳 | 경기도 고양시 일산구 백석동 1332-1 레이크하임 404호
대표 전화 | 0505-627-9784
팩스 | 031-902-5236
홈페이지 | http://www.moabooks.com
이메일 | moabooks@hanmail.net
ISBN | 978-89-90539-82-3 03320

모아북스 MOABOOKS 는 독자 여러분의 다양한 원고를 기다리고 있습니다.
(보내실 곳 : moabooks@hanmail.net)